說好一句話
救了全場～～～尬

培養幽默細胞 × 訓練溝通技巧 × 掌握話術行銷

謝惟亨，原野 編著

也許說著說著……成功就這麼被你說出來了！

你是否遇過一種人，說話犀利不留餘地，俗稱「得理不饒人」？
或是講話文謅謅，硬要加入各種無意義的冗詞，只想叫他說白話文？
既然交談是為了溝通，那麼說太多、說太少、說太爛……都沒用！

面試表達 × 日常溝通 × 商業行銷 × 自我解嘲
是時候張口秀一波口才，機遇手到擒來！

目 錄

目錄

目錄

目錄

第 12 章　你知道如何據理力爭嗎

前言

有人說，21 世紀有三樣最厲害的武器：原子彈、電腦和口才。前兩者的威力不必多說，大家也能理解與體會。但對於後者，有些人可能會懷疑：口才有這麼大的威力嗎？雖然歷史上依靠口才青史留名的人比比皆是，可是時代不同了啊！

現在是科技時代，口才的威力能和原子彈相提並論嗎？相信有這種疑惑的朋友們在讀完本書後，就會改變自己的認知。

在現代社會中，人與人彼此之間的依存度越來越高，作為溝通與協調的重要武器 —— 口才，也就顯得越來越重要。俗話說：「良言一句三冬暖，惡語傷人六月寒」，可見會說話是何等重要。不會說話、不講究口才藝術，有希望辦好的事情也會搞砸。而良好的口才、恰到好處的表達，不僅能帶來順暢的溝通，還能帶給人自信與融洽的人際關係。在他人面前，一個人若能清晰準確、生動形象地表達出自己的思想和意念，他的自信心必定會大增，成功的機率必定會更高，人際關係也會隨之變得越加融洽。

好口才表現在對語言的恰當運用上，是一個人綜合素養的展現。如果說語言是思想的衣裳，那麼口才則是這件衣裳的裁縫。如何將語言裁剪成美麗得體的衣裳，需要人們全方位地、持續地努力學習。

前言 ━━━━━━━━━━━━━━

可是，令人遺憾的是，很多人並沒有意識到學習口才的緊迫性。在現實生活中，不少人願意窮其一生去學各種專業知識，卻忽略了口才能力的訓練和提升，他們認為那些不過是嘴上的「花拳繡腿」而已，中聽不中用。因此，有時候，他們在生活中碰壁了，還常常不知道是什麼原因。其實，也許就是因為他們的某句話，不是讓人「笑」，而是讓人「跳」引起的。

口才可以改變命運，這並不是信口開河，也不是誇大其辭。翻開本書，你會看到那些對口才運用自如的人，是如何讓自己擺脫尷尬、轉危為安的，他們又是怎麼運用各種不同的口才技巧，來營造自己的幸福生活。而這一切並不是天生的，是他們在後天的生活中學習得來的，因為他們要用口才來捍衛自己的權利和尊嚴。

因此，千萬不要認為口才只是推銷員、律師、主持人、教師、演講者、談判專家們等靠說話吃飯的人的專利，每個人都需要運用好這個溝通工具。即便你現在沒有好口才也不要緊，沒有人是天生的口才高手。只要你充分意識到口才的重要性，你就有了學習它、掌握它的積極動力。那麼，就讓本書幫助你盡快掌握好口才吧！總有一天，你也會享受到因口才而帶來的便利！

編者

第 1 章
口才攸關人生成敗

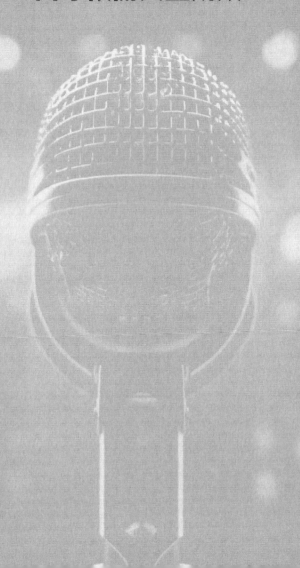

第 1 章　口才攸關人生成敗

　　語言是人們使用最普遍、最方便，也是最直接傳遞資訊的方式。口才，不但影響著人們之間的交流，而且還可以衡量人的整體素養。所以，口才已成為一個人成功的重要條件。

　　老子也曾熱情地提出：「美言可以市尊。」的確，在某些領域，在人生的關鍵時刻，口才是決定你成敗的重要一環。

▌口才是成功的推進器

　　在職場激烈競爭的背景下，每個人都希望早日成功、出人頭地，可是，到底應具備哪些方面的能力和素養，才能適應社會發展趨勢，讓自己立於不敗之地呢？

　　農業時代，誰的土地多，誰就富有；工業時代是看誰的設備最先進；而現在是資訊時代，就要看哪個團體或個人的資訊傳播能力比較強。資訊社會對人們的口才提出越來越高的要求。不論在生活還是在工作中，如果沒有一定的口語表達能力，就無法適應資訊社會的快速發展。

　　在生活中，有些人的知識很淵博，甚至像一本百科全書，他們的思想也有許多可圈可點之處，但是他們卻往往難以達到自己的理想目標。這是為什麼？因為他們缺乏良好的談吐能力，不能充分表達自己的思想和觀點。因此，西方

世界已把「口才、金錢、原子彈」列為 3 大武器。如果你笨嘴拙舌，那麼就很難立足於資訊高度發達的社會。即便你與他人擁有同等的優勢，但若在口才上遜於他人，最後勝出的恐怕也不會是你。而那些擁有好口才的人，就像萬綠叢中的「一點紅」，很容易從眾人中脫穎而出，有時，甚至可以一戰成名，進而引導自己走向人生的輝煌。

口才也可能在某種程度上決定你的成敗。

因此，你千萬不要認為口才是主持人、律師等依靠嘴上功夫來「吃飯」的人的專利，其他行業的人也一樣，沒有好口才，也會處處難行。縱觀那些企業的優秀人物，及各行各業的社會菁英們，他們除了具備管理經營才能外，大多都是談判的高手、溝通的專家，特別是在一些特殊時刻，他們會運用卓越的口才，激勵人心，跨越困難，贏得合作夥伴的支持，推動事業走向成功。

你也不要以為，只有領導者、只有需要面對公眾的人物才需要口才，即便你只是個普通員工，也同樣不可忽視口才的重要性。和同事溝通、向上司匯報工作，一樣都離不開口才。在這個飛速發展的時代，會做卻不會說已經無法符合社會發展的需求了。因此，你不僅要當會默默耕耘的「小黃牛」，還要成為能說會道的「百靈鳥」。能力與口才都要兼顧，才能在職場上獲得成功。

　　總之，不論在任何行業，好口才都可以助你脫穎而出。如果你希望自己能從普通人跨向更高層級，那就要重視口才的力量，積極地鍛鍊口才，讓它成為你成功的推進器。

口才會影響幸福指數

　　那些不會說話的人，通常不敢表現自己，在事業上難以出人頭地，在生活中要贏得自己的幸福恐怕也會很難。因為他們不擅表達，越到關鍵時刻，越是「茶壺裡煮餃子，有嘴倒（道）不出。」結果，到手的幸福可能也會像煮熟的鴨子一樣飛走。

　　洋洋就是這樣一位年輕人。他生在鄉村，有 3 個姐姐，父母到中年才生下他這個男孩，因此十分寵他。可是，他完全不像 3 個姐姐那樣伶牙俐齒，總是不擅言語。小學 3 年級時，班上舉行故事會，同學講《鹹蛋超人》、《天線寶寶》等，繪聲繪色，著實令人羨慕，但洋洋始終不敢舉手上臺。當班導師鼓勵他試試看時，洋洋硬著頭皮站到前面，嚅嚅了半天也說不出個完整的故事來，老師實在看不下去，說：「算了，別難為他了。」

　　上國中時，看到其他同學朗讀課文聲情並茂，洋洋說不出有多麼羨慕。這些事情，他是想都不敢想的。

　　高中畢業後，他喜歡一位女孩，父母就找人介紹給他

們。洋洋家庭條件很好，女孩覺得洋洋話不多，但踏實可靠，就爽快地同意了。洋洋得知後很高興。在女孩生日那天，洋洋專程買了一個大蛋糕。母親知道他不擅表達自我，去之前，曾囑咐他多說一些關心女孩的話。可是洋洋到女孩家後，因為有點膽怯，一路上想好的話怎麼也無法說出來。他放下蛋糕，滿臉通紅，說話也結結巴巴。女孩的媽媽看到後，悄悄對女兒說：「他怎麼連話都說不清楚呀？這門婚事我們可能還要考慮一下。」

這樣一拖就是半年，洋洋很著急。因為女孩的媽媽是個很會說話的人，在鄰里中應付各種場面都很有一套，她不想讓女兒嫁給一個悶葫蘆。結果，洋洋喜歡的女孩在母親的勸阻下，另外找了對象。

這還不是最糟糕的，後來洋洋不擅說話的「名聲」傳出去後，他的人際關係受到很大影響。

由此可見，沒有好口才，不擅表達自己，有時的確會讓自己的幸福生活受到影響。

雖然男女交往時彼此都注重人品，可是人品在短時間內怎能看出來呢？如果男女雙方不在同一個地方生活，沒有什麼來往和接觸，人品就更是道聽塗說了。這時候，要表現自己優秀的一面，口才至關重要。因為在雙方還不熟悉的情況下，無法讓你透過實際行動來表現其他方面的能力，能表

第 1 章　口才攸關人生成敗

現自己的，除了形象，就是說話。雖然初次見面不宜說太多話，但正因如此，才需要把自己的情意簡潔深情地表達出來。如果你能適時地表達愛慕之心，才有機會打動對方。而且，也可以贏得對方父母的好感。如果你不懂得這些，或心裡懂，但嘴上說不出來，那麼，在對方和其家人眼中，你就是不及格的，結果自然可想而知。

相反的，那些口才好的人呢？也許他們相貌不英俊，也沒有什麼特殊才華，可是，他們擁有好口才，而且善於用語言準確、貼切、生動地表達自己的思想感情，往往能贏得自己所嚮往的幸福生活。這絕不是誇大其辭。

一位身材矮小，也算不上英俊的男人，就用自己的語言贏得了幾乎是世界上最美麗又有才華的女人 —— 伊莎朵拉‧鄧肯（Angela Isadora Duncan）的歡心。這個男人的名字叫鄧南遮。

鄧肯是世界現代舞的創始人之一，在她藝術表演的舞臺上，比鄧南遮帥氣的年輕人比比皆是，他們對鄧肯也充滿了愛慕之心。但為什麼唯獨鄧南遮追求成功了呢？

某次，鄧南遮與鄧肯到一片幽靜的樹林裡散步。在樹林深處，鄧南遮停住了腳步，深情地望著鄧肯，嘆息般地說：「啊！伊莎朵拉，與妳一起單獨在大自然中徜徉真是美妙至極。其他女人只會把景色敗壞無遺，而妳卻是這迷人大自然

中的一部分，妳就是這些樹林，妳就是這天空的一部分。噢，不！在我的心中，妳就是主宰大自然的女神啊！」

聽了這樣的話語，鄧肯不由得也從心裡嘆道：「多麼充滿詩意的語言，多麼讓人感動啊！」一個女人哪能抵擋住這樣的景仰崇敬呢？

任何一個男人，如果能像鄧南遮這樣，用語言讓自己喜愛的人被打動，那麼，他所嚮往的美好愛情和幸福生活，常常會水到渠成地來到身邊。

當然，幸福的生活不只有愛情，也包括事業的成功、家庭的美滿。雖然生活中不需要誇誇其談，也不需要口若懸河，但是，口才的確和生活、事業密切相關，甚至會影響生活的幸福指數。試想，在家庭中，如果沒有口才，或表達得詞不達意，就無法好好地表達出對愛人、子女的深厚情誼；在公司，如果沒有口才，就很難得到同事的理解、上司的青睞；在社會上，遇到一些糾紛時，如果沒有口才，會讓自己受很多冤枉氣。在這種情況下，自己的生活何來幸福感呢？

老張已到中年，在某企業工作。妻子能幹賢慧，兒女成績優異，父母身體健康，家庭生活幸福。可是，他的幸福感中卻有些許不如意。因為在公司裡，像他這個年齡，不是高層就是小主管了，享受著優厚的薪水和好的福利待遇。可是他，不論風吹日晒，每天都要踩著腳踏車和人家的汽車輪子

賽跑，自覺汗顏。原因是他根本就不具備當主管的口才。他說話不僅聲音沉悶，而且很費力，好像要醞釀老半天才能吐出字句一樣，讓聽的人感覺不爽快。當年，本來想讓他當售票員的父親，因為他這個弱點，而讓他在工廠當車工，學一門技術。可現在，老張年紀大了，還是和年輕人一樣站 8 小時，他受不了。但是，想到坐辦公室，就得和很多人交流，當上司更需要好口才，這讓他有點退縮。因此，儘管老張對自己目前的待遇不滿意，也只能將就了。但是他告訴兒女，凡是學校的公眾活動都要參與，要踴躍發言，千萬不要像自己這樣，吃「嘴」上的虧。

其實，不論在任何行業，口才都和你的幸福生活密切相關。好口才有助於你獲得幸福圓滿的生活。雖然我們不一定非要像鄧南遮一樣，能說出詩情畫意般美妙的語言，但是，讓口才成為事業成功、生活幸福的推進器而不是攔路虎，難道不是人人期盼的嗎？

好口才讓你一戰成名

「舌頭是一把利劍，口才比打仗更有威力。」英國作家如是說。這話似乎有點過於誇張，但面對現實你又不得不承認：「巧舌勝似強兵」。就連拿破崙這種靠槍桿子打天下的人，也從不忽視言語的魅力，他總結自己成功的經驗時說：

「一支筆，一條舌，能抵三千毛瑟槍。」

在歷史留下英名的諸葛亮就是憑舌戰群儒而成名的。當時，東吳的謀士一個接一個地向諸葛亮發難，先後有 7 人之多，都被諸葛亮反駁得有口難辯。在中外歷史上，那些影響人類進程的大人物，他們思想的傳播，更是離不開口才的鼓動力和影響力。像林肯、邱吉爾、孫中山、魯迅、聞一多等，都是來自各個領域最傑出的演說家，他們都擁有卓越的口才。

美國著名人類行為學家湯姆士說：「好口才是成名的捷徑。它能使人顯赫，鶴立雞群。能言善辯的人，往往使人尊敬，受人愛戴，得人擁護。它使一個人的才學充分拓展，熠熠生輝，事半功倍，業績卓著。」

今時今日，憑藉自己的口才而一戰成名，甚至創造出財富人生的也大有人在。

在學術界，余秋雨等作家也是以說成名。雖然他們都是學術方面的人才，在文學、歷史等領域有開拓性的貢獻，在文化上也有造詣，可是，如果他們不把自己的思想和造詣透過語言表達出來，有誰會知道呢？

正因為他們的說，讓人們看到了他們口才的魅力，也讓他們自己的人生發生了關鍵性的轉變。他們從大學講臺走向大眾，像明星那樣快速走紅，自己的生活品質也得到很大的

提升。這一切，都是因為他們說得好，他們的口才讓眾人佩服。

　　這正應驗了西方的一句俗話：「世間有一種途徑可以讓人很快完成偉業並獲得世人認可，那就是優秀的口才。」這句話一點也不假。隨著社會的進步，公眾表達水準的不斷提升，口才逐漸成為一流人才的必備條件。如果你能力出眾又具備良好口才，能抓住表現自己的機會，說不定就能成為一顆璀璨奪目的新星。

　　歐巴馬從一個普通黑人一躍成為美國政壇閃耀的政治明星，就是因為他的口才成功地顯示了他的政治才能。

　　他在 2004 年 7 月民主黨全國代表大會上還只是一位默默無聞的州議員。當時，他被推選出來做全黨的「基調演講」，闡述民主黨在總統選舉中的綱領和政策。就是在這次演講中，歐巴馬一「說」成名。他的演說慷慨激昂，他提出要消除黨派和種族分歧、實現「一個美國」的夢想。許多媒體更是把歐巴馬的演講和美國黑人民權運動家馬丁‧路德‧金恩（Martin Luther King）的〈我有一個夢〉的著名演講做比較，很多人因此認識並記住了這張年輕的黑色面孔。2 個月後，歐巴馬以 70% 的高票當選為聯邦參議員。

　　由此可見，口才對一個人的成功會產生很重要的作用。首先，良好的口才、吸引人的談吐，是你建立理想人際關係

的基礎。其次，良好的口才是你得到他人理解和支持的橋梁。因為一個人不論從事什麼行業，都需要得到他人的理解和支持，要讓他人理解自己，就需要表明自己的觀點和思想。再次，好口才可以使你在面臨他人刁難時，巧妙化解困境。最後，好口才還有可能為你帶來發展機遇。只有「口」通達暢順方謂之「才」，只有讓別人將自己定位為「才」，方能身價百倍。當然，成功的人不一定都有好口才，但擁有好的口才絕對有助於成功。比如，本國企業走出國門，走向世界，兼併收購其他國家的企業，涉及的問題複雜而多變，這一切，離得開溝通談判嗎？離得開良好的表達能力嗎？此時，那些商務談判代表、律師等，他們的口才就發揮了一人敵百萬軍的作用。

在當今這個時代，隨著溝通的廣度和深度的日益加深，人們從事任何一個行業都離不開口才，好口才就是立足社會的能力。口才就是競爭力，擁有好口才，就像擁有成功的砝碼。如果你能抓住機會，利用口才一舉成名，你的人生也會發生翻天覆地的改變。

怎樣才算會說話

如果有人問你，「你會說話嗎？」你肯定會很氣憤，太小看人了，說話誰不會？誰都知道，在人類發展的歷史上，特別是從猿到人的轉變中，會說話就是人類區別於動物的一大特徵，就是人類之所以從猿到人的一大飛躍。

可是，在我們身邊，常常聽到有人在指責他人「你會說話嗎？」這是為什麼？因為這些人沒有用恰當的表達方式把自己想說的話表達清楚，或是不應該實話實說的時候說了實話，結果把事情搞砸了。

魯迅在〈立論〉中曾經講過這個故事：

某戶人家生了一個男孩，全家高興透頂。滿月的時候，抱出來給客人看 —— 大概是想得到一點好兆頭。

一個說：「這孩子將來會發財的。」他於是得到一番感謝。

一個說：「這孩子將來要做官的。」他於是收到幾句恭維。

一個說：「這孩子將來是要死的。」他於是得到一頓大家合力的痛打。

雖然死是必然現象，可是在主人萬分高興，想聽到許多歡樂、吉祥、喜慶的話語，圖個「好兆頭」的時刻，居然有個傻里傻氣的傢伙說「這個孩子將來是要死的」，這種實事

求是未免太不會看臉色了，於是他得到一頓大家合力的痛打，也是理所當然。

儘管魯迅在這篇文章中的寓意不在於此，是想諷刺當時黑暗的時局下，人們想說實話、說真話難上加難。可是，把這個故事用在生活中，他就是在告誡人們，說話應該審時度勢，合乎場景、規矩、禮數。

有一位中文系畢業的教師，不論在講臺上侃侃而談，還是參加各種活動，他的發言都很精彩。可是，這樣一位很會說話的人，卻因說話不夠周到，把應該完成的事情搞砸了。

某天，親戚請他為孩子找一所好的學校。他一口答應：「沒問題。」本來自己就是從事教育的，又是師範學院畢業，在各個學校幾乎都有他的同學，要讓一個學生入學，簡直易如反掌。於是，在某個晚上，他先去一所自己看好的學校了解情況。

當他來到學校門前時，裝作自己就是學生的家長，先和警衛室的先生聊了起來。他想從這個最基層的地方了解實情。

可是，沒想到的是，當他說完學生的情況後，警衛先生竟然一口拒絕說：「像你說的這種情況，我們學校恐怕不會接受。」雖然一個警衛人員不能決定學生是否能入校，但是讓他一口回絕卻是有原因的。這位教師說話時沒有注意方

式，透露出的都是對孩子不利的資訊。他在和警衛先生的談話中，說到該學生有點偏廢某些科目，而且愛打遊戲，缺乏自我約束力，因此，頭痛的家長才想讓孩子上管理嚴格的寄宿學校。

儘管這位教師說的都是實話，可是在警衛先生聽來，這孩子有很多缺點，這樣的學生很可能是其他學校都不收所以才找到這裡的，因此，他自作主張先代表校長發表了意見。

這是這位自詡為口才好的教師沒有想到的，他本來還想說出一番大道理，諸如：沒有教不好的學生，再說小孩子發展空間大，主要是老師的教育方法是否得當；如果學生本身功課好，資質高，還需要老師教育嗎？學校如果只接受好學生，不是太勢利了嗎……等等。可是想想，這番道理對警衛先生說又有何用？因此，這位教師很後悔自己沒有注意說話的方式。

從這個案例我們可以看出，說話不是自說自話，不是像背課文一樣流利乾脆、朗朗上口就行；也不是面對學生講課，只要他們被動地接受就可以；更不是像那種很專制的家長，居高臨下地訓斥一番就能達到目的。說話是平等的溝通，如果不注意對方的態度和感受，有時候，看起來希望很大的事情，恐怕也辦不到。

在職場上，也有一些不會說話、表達不夠準確的人。比

如，和上司相處時，他們時常會說出一些令上司反感的話。他們對上司說：「你辛苦了！」或「你的做法真讓我感動！」這樣的話本來應該是上級對下屬說的，一旦由下屬對主管這麼說，就像凌駕於主管之上一樣，主管焉能感到愉快？還有些人對上司說：「這你不知道！我知道！」這樣的語氣太武斷，表達方式太直接，也不太合適。

再如，不經意地對上司說：「太晚了！」這句話的意思在上司聽來，可能是嫌他的動作太慢，誤事了，有明顯責備的意味，上司也不會高興地接受。另外，對上司說：「不行是不是？真沒意思！」這句話明顯是對上司的不尊重。這些就是說話不講方式、表達不恰當的典型表現。這樣的人，怎能說他們口才好呢？可想而知，在上級的心目中，會為他們打下怎樣的印象分數。

不論在職場還是在社會交往中，要用語言準確表達出自己的思想，又不至於讓他人產生誤解，的確不容易。因此，一定要在口才上提升自己，向那些說話高手學習，把話說到點上，既不讓人產生誤解，又能順利達到自己的目的，這才是真正的會說話。

做一個說話高手

我們知道，生活中很多時刻都離不開口才，口才好的人能把普普通通的話題講得引人入勝，嘴笨口拙者即使講得內容很好，讓人聽起來也索然無味。同樣的矛盾和糾紛，其他人束手無策，而那些說話高手，用幾句話也許就能化干戈為玉帛。

美國經濟大蕭條時期，一位女孩非常幸運地在一家高級珠寶店找到一份銷售員的工作。可是，她上班第一天就遇到珠寶失竊的事情。找不到珠寶，她不但工作保不住，而且還要賠償一大筆損失，這對家庭條件拮据的女孩來說，無疑是雪上加霜。可是，女孩既沒有動用全副武裝的員警，也沒有動用武力征服的保全人員，而是憑藉自己的巧妙語言，找到了這顆失竊的珠寶。

原來，在女孩營業時，電話鈴聲響了起來，女孩去接電話，卻不小心打翻了一個碟子，6 枚寶石戒指掉到地上。她慌忙撿起了 5 枚，但怎麼也找不到第 6 枚。就在抬頭的一剎那，她看到有個衣衫襤褸的年輕人正慌張地朝門口走去。女孩立即走過去，叫住他說：

「對不起，先生！」

那位年輕人轉過頭來，問道：「什麼事？」

聰明的女孩沒有直接問珠寶的事情，而是神色黯然地

說：「先生，現在找工作很難，您說是嗎？」

年輕人緊張地看了女孩一眼，不明白她問話的意思，但還是認同地回答：「是，確實如此。」

女孩緊接著說：「這是我的第一份工作，我相信，如果換成您，您會做得很不錯的！」

也許是女孩對年輕人充滿信任和鼓勵的話語，打動了他，年輕人說：「我相信妳也同樣可以做得不錯。」說著，他把手伸給女孩，「讓我先祝福妳吧！」

女孩也立即把手伸出來與其相握。就這樣，第 6 顆珠寶失而復得了。

俗話說：「不會燒香得罪神，不會說話得罪人。」處世之道，更應該謹言慎行。本來對這起突發的竊盜案，通常情況下，人們都會大喊大叫，設法將偷竊者抓住。然而這位手無縛雞之力的女孩，卻用自己巧妙的表達方式，讓小偷歸還了竊物，小偷沒有當眾出醜，她自己也沒有受到任何傷害。這樣的口才的確讓人佩服。像這樣的人，可說是掌握了口才的基本要領和原則，口才不是傷人的利器，更不是自我表演的舞臺，而要從尊重對方的前提出發。因此，要當口才高手，就要克服以自我為中心的傾向，本著和人們平等溝通的原則。

當然，口才高手也很講究文采。他們不論是論辯還是演

說，都會運用很多聯想、修辭、比喻、誇張等手法，透過各種表現形式去打動聽眾。他們的嘴上功夫甚至達到了「一人之辯，重於九鼎之寶；三寸之舌，強於百萬之師」的境界。

秦國使者王稽向秦昭王引薦范雎後，居然沒有得到重用。一年來，昭王只是為他解決了基本的食宿問題，根本沒有打算接見他。在這種情況下，身為辯士的范雎想建立功業似乎希望渺茫。但是，范雎怎能甘心屈居於此，他要運用自己的口才為自己爭得出頭的機會。

他細心觀察秦國的形勢。原來，當時昭王在位已經長達36 年，他已經開始厭惡只會耍嘴皮子的辯士。可是，范雎要改變秦昭王的偏見，於是上書說：「臣聽說賢明的君主在治理政務時，能夠根據功勞的大小來封賞，根據能力的大小來安排職位。因此，沒有能力的人不會久居其位，有能力的人不會被一直埋沒。」這些話語的前提，是承認秦昭王不會虧待有能力的人。

接下來，范雎結合自己的處境說：「大王如果認為臣說得對，那麼按照臣的提議，一定會把國家治理得更好。」對於這些言語，秦昭王自然不會反對。

可是，怎麼證明范雎這個人有能力、值得重用呢？范雎接下來說：「古語說『庸主賞所愛而罰所惡；明主則不然，賞必加於有功，而刑必斷於有罪』。首先，我不敢用不成熟

的言論來迷惑大王。因為那樣的話，刀能夠剁爛臣的胸膛，斧頭能夠斬斷臣的腰部，我怎麼敢把生命視為兒戲？」

這段話就是為了說明范雎說的話都是正確的，應該引起昭王的重視。為了打消昭王的疑慮，范雎又說道：「即使大王認為臣身分卑微、對生死不怎麼在乎，大王難道會容忍受到推薦臣之人的欺騙嗎？」

是啊！王稽在秦昭王的心目中有著很重要的地位，如果范雎沒有才華，不就證明是王稽欺君，昭王自己也偏聽偏信嗎？這段話，就把范雎的命運和王稽、昭王都連結在一起了，可以說有著「一榮俱榮，一損俱損」的關係。

僅是如此側面的互相關聯，還沒有達到目的，范雎接下來又運用比喻，正面論述人才不能被馬上識別、重用的實例。他說：「臣聽說周、宋、梁、楚各有美玉，分別是砥厄、結綠、懸黎和和璞。在這 4 件寶物剛從土中被挖掘出來時，即使是有名的工匠也無法識別，但它們最終卻成了天下名器。既然如此，即使是再聖明的君王，也會白白遺棄胸懷治國安邦之才的賢士。」

秦昭王當然是聖明的君主，而且他還曾量才錄用。他可不想當讓明珠埋沒的人。范雎最後這段話，擊中了秦昭王，因此，他對范雎刮目相看。他要看看范雎有什麼治國安邦的良方，故派人把范雎接入官，而且還重賞王稽。

第1章　口才攸關人生成敗

　　范雎的一席話說得謙卑得體、誠實懇切，運用正面、側面的論證和恰當的比喻，打動了秦昭王。

　　可見，要做一個說話高手，還需要講究文采，這樣才能充分表述自己的想法。想讓口才為自己的成功插上翅膀，還需要修煉、汲取他人的成功經驗。在接下來的章節中，我們將會看到那些口才高手們是怎樣運用語言的魅力，應付各種場面、征服各種困難的。相信我們可以從中得到口才訓練的有益啟示。

第 2 章
用真誠贏得信任

第 2 章　用真誠贏得信任

在人際交往中，什麼樣的人受歡迎？是那些見人說人話的人嗎？這些人初次見面也許會讓人留下八面玲瓏的印象。相比之下，說話坦誠的人，更能讓人留下踏實、穩重、可靠的好印象。因為他們對人真心誠意，從不遮遮掩掩，更不會說一些誇張無用的空話。人們透過他們的話語，能感受到他們待人的真誠。因此，這樣的人身上散發出一種難以抗拒的魅力。

▊ 真誠最能打動人心

在日常生活中，有些人認為那些能說會道、伶牙俐齒的人，才是口才好的人。其實，這是對口才認知的錯誤。因為無論這個人口才如何了得，若是言不由衷，不是發自內心，就無法打動人心。

俗話說：「言為心聲。」如果一個人說得好聽卻做不到，來往時間久了，人們就會對這個人產生反感。如果一個人心地善良，而且話語總是很坦誠，總能溫暖人心，人們就會喜愛他。因此，可以說，真誠也是口才的魅力。真誠首先讓人們能彼此信任，之後才能進一步達到心與心的交融。

發自內心的真誠話語才能打動人心。不論是親朋故交，還是初次見面的陌生人，如果你能用得體的話語表達出你的真誠，就能搭建起一座順暢交往的橋梁。

真誠最能打動人心

　　1952 年，艾森豪競選美國總統，年輕的參議員尼克森則是他的副總統搭檔。正當尼克森為競選四處奔波時，《紐約時報》突然報導尼克森在競選中祕密受賄的醜聞。

　　消息一經散布，當時全美國的 64 家電視臺、700 多家電臺同時將鏡頭與麥克風對準了尼克森。很明顯，能否澄清事實、取得選民認同，此舉將是關鍵。而尼克森萬萬沒有料到，當他走進全國廣播公司的錄音室之前被告知，他在廣播結束後需提出辭呈。此時，尼克森決定毫無保留地把自己的財務狀況全部公諸於民。

　　在演說中，尼克森詳細地說明自己的經濟狀況，他滿懷深情地說：「我要告訴大家，我太太沒有貂皮大衣。還有一件事也應告訴你們，獲得提名後，我們確實收到一件禮物！那是德克薩斯州一個不知名的朋友，在收音機中聽到我們的孩子很想要一隻小狗的消息後，從遙遠的地方送來一隻小狗，我 6 歲的小女兒很喜歡牠。各位，我的家產就是這些，現在，不管別人說什麼，我只說明一點，我們要留下這位朋友所送的小狗。」

　　這次談話結束後，尼克森自己都沒有料到，他這些極富人情味的坦誠話語，最終打動了聽眾的心。當他走出錄音室時，到處都是歡呼聲，之後數百萬人透過打電話、電報或寄信來讚揚他。而尼克森憑著自己坦誠的話語，終於澄清了事

第 2 章　用真誠贏得信任

實，最終贏得了大批的選票。

不論你從事何種職業，也不論要與什麼人交往，真誠都是一種最有感情、最精彩，也最能打動人心的特質。真誠的語言不僅能贏得人心，有時甚至能創造奇蹟。因此，有遠見卓識的人，都會把真誠視為人際交往的基礎。

▌以誠廣交天下客

在社交場合，有些人奉行這句話：讚美是社交成功的通行證。可是，並不是任何讚美的話都能讓對方高興。如果你無根無據、虛情假意地胡亂讚美別人，對方不僅會感到莫名其妙，更會覺得你油嘴滑舌、虛偽。只有坦誠的讚美才會收到好的效果。

坦誠的讚美是發自心靈深處的，當你心中對對方產生了一種認同感，才會促使自己去衷心地讚美，同時也會使對方的心靈發出共鳴。因此，在交際中，要以誠與別人相交。這樣，不但能帶給別人快樂，而且也可以順利地搭建起交往的橋梁。

拿破崙曾經出席一個大型聚會。當時，許多來賓都想借機認識他。因此，許多人見到拿破崙就笑嘻嘻地迎上前來，一開口就是恭維的話：「將軍真是神勇非凡！」「您對國家貢獻十分偉大，如果沒有您，我們如何能享受這麼幸福的生

活」之類的話。可是，這些話讓拿破崙聽得十分不舒服，因為他是一位非常厭惡虛偽奉承的人。他臉色冷淡，那些人也不好再多說什麼，自然更達不到進一步交往的目的。

此時，有位客人走過來敬酒說：「將軍您最討厭逢迎巴結的話，今天這個聚會一定讓您很難受吧！」拿破崙看著這位客人，無可奈何地笑了。

這位客人的一句體恤話語，一下子拉近了他和拿破崙的距離。在整場宴會中，拿破崙和他談的話雖然不多，但是對他很有好感，因為拿破崙覺得遇到了知音。

可見，在社交場合，一句發自內心的真誠體貼話語，遠比 10 句、20 句刻意恭維的話，更能得到他人的認同。因此，要以誠心誠意、誠實的話語來廣交天下客。

不論在政界、外交界，不論與對手、還是與朋友間的相處中，要獲得對方的好感和對自己的了解，就需坦誠相告。話語坦白，態度誠懇，就能增加對方對自己的信賴程度，就能為進一步的交往合作打下良好的基礎。

眾所周知，在企業中，推銷員要讓產品在競爭激烈的市場上站穩腳跟，需要廣交朋友，贏得客戶。可是，推銷員與顧客很多情況下都是「初次見面」，怎樣才能讓顧客相信自己的產品呢？首先需要搭建信任的橋梁。因為顧客對商品、企業，乃至推銷員的信任感，會影響其購買力。而這種信任

第 2 章　用真誠贏得信任

感又常常取決於推銷員的語言，話語真誠才能給顧客帶來信任感。因此，最能推銷產品的人，不一定是口若懸河的人，而是善於表達真誠者。如果不真誠，即便竭盡所能，把自己的商品吹捧得天花亂墜，顧客對這樣的推銷員也會很反感。相反的，當推銷員用得體的話語，表達出真誠時，即便坦言商品有缺陷，也會贏得顧客的好感和信任。贏得對方的信任，對方也可能因信賴這個人，而信賴他的產品。

在電視臺，製作人也擔任類似推銷員的任務，需要為節目找贊助。有的製作人可能會吹捧自己的節目很好，以此來說服對方。但是，某電視臺節目製作人李女士卻反其道而行，也大獲成功。

當節目運作近一年後，李女士透過朋友，拿到了某集團總裁的電話，希望他們能冠名贊助。但是，李女士沒有客套寒暄，也沒有拐彎抹角，而是實事求是地說：「我們現在沒有什麼廣告，我也不會拉廣告，但是你幫我冠名贊助，我保證你會獲益，不會後悔。」結果，她的率真和直率打動了集團總裁，最後雙方僅用了一天的時間就簽約，由此誕生了新冠名節目。

當人們佩服李女士高級的公關手法時，李女士很平靜地說：「其實所謂口才，就是把自己內心最真實的想法用語言表述出來。特別是在談話類節目的採訪過程中，你說出來的

話，一定是最真實、樸實的話。哪怕有些不當之處，大家也會理解的。千萬不要把真實的自我隱藏起來。」李女士發自肺腑的一番話，也許就是她的成功祕笈。坦誠就是信譽，只有在互利互惠的基礎上建立信譽，才是最可靠的長期投資。

不論在任何行業，要做一番事業就需要眾人拾柴，廣交朋友。朋友相處，貴在真誠。因此，不管目前市場競爭多麼激烈，需要運用多少手段和方法，「以誠相待、以心換心」是對待朋友、對待公眾的基本原則。以真誠的態度對待他們，樹立起以誠為本的正確導向，是成功的起點。

精誠所至，金石為開

「精誠所至，金石為開。」只要誠心誠意去做，什麼疑難問題都能解決。

有位主管就用「精誠」留住了人才。

1980 年代後，全國各行各業，很多人都想北漂去賺錢。有個大學生也想到臺北去，因為當時南部工廠的薪資太低了。因此，他進廠不久後，就偷偷跑到臺北工作。

在臺北，他見識到十分自由開放的人才政策，過了一段時間，他回廠裡準備拿走一些資料，正好碰到主管。這下子，年輕人認為主管肯定會批評他好幾個月沒上班的事，他忐忑不安地等待著。可是，出乎他的意料，主管卻十分坦誠

第 2 章　用真誠贏得信任

地說：「從整體而言，人才流動是大趨勢，你走是對的。我們這裡薪水少，我也沒有關心到你們，這是我的失職。」年輕人沒想到主管這麼通情達理，一顆懸著的心放了下來。

接下來，主管邀請年輕人到自己的辦公室，說道：「我在你這個年紀時也有這樣的想法，可以理解。但是，你畢竟在我們企業待過，走之前還是希望你對企業多少了解一點。」緊接著，主管把個人的經歷、企業的坎坷講了一遍。年輕人這才知道主管竟然是清華大學的畢業生。只是因為他當時看到工人們任勞任怨的幹勁和廠長經營的辛苦，被打動了，才選擇留了下來。而且，年輕人也是他指名要來的，為的是要幫廠內增加新鮮血液。

主管的一席話，使年輕人看到了主管對自己的深情厚愛，也明白了主管挽留自己的用心良苦。於是，他放棄去臺北的打算，而後，他努力工作，每年都能為企業創造 2,000 多萬的效益。這正是主管的「誠心」帶給他的動力。

可見，精誠所至，金石的確能開。

有一男子持刀劫持人質，某警察局派一名有經驗的刑警與嫌疑人談判。誰知，他剛一敲門，嫌疑人就緊張地怒吼：「給我走開，我不需要你們。」

刑警：「希望你能配合我們的工作，只要你放了人質，有什麼要求，我們會滿足你的。」

嫌疑人：「少來這套，你們總是說話不算話，等我放了人質，你們就變卦了。」

刑警：「可是，如果你不配合我們，你就要坐牢，你不考慮自己，也不考慮你爸媽，你忍心把你年邁的父親和母親扔下嗎？你那一雙兒女多好啊！你也不管他們了嗎？」

嫌疑人情緒激動：「不管了！我誰也管不了！」

刑警：「你小時候摔倒了，你爸媽沒有攙扶你嗎？他們也是說『不管你』嗎？」

嫌疑人沒有出聲，顯然被打動了。刑警緊接著又說：「你本來可是個有名的好孩子，不值得為一點小事大動肝火。我之所以幫你，是因為我看得出你不是壞人。不是嗎？」

這時，嫌疑人看著刑警的眼睛，他從刑警的眼中，看到了這些話確實是出於真心，他有些動搖了。

刑警：「把門打開吧！有事慢慢說。我沒有帶槍，也絕對不會傷害你。」嫌疑人終於把門打開。

「唉！說了半天，渴了吧？喝點水吧！」刑警邊說邊向前坐了些，趁機對嫌疑人說：「孩子、老人以後還得靠你啊！把刀給我好不好？我保證你可以獲得從輕處理。」刑警看自己的話深深地打動了嫌疑人，把水遞過去，順勢將刀拿了過來。

在這個案例中，刑警的話語很坦誠，他不是用一番大道

理來說服嫌疑人，而是先讓嫌疑人為自己的父母、兒女考慮。當嫌疑人拒絕這些理由後，刑警又質問他「你小時候摔倒了，你爸媽沒有攙扶你嗎？他們也是說『不管你』嗎？」一句話說到了嫌疑人的痛處。父母對兒女的愛總是無私的，那麼，兒女為什麼要拋棄父母，不承擔自己應盡的責任呢？

接下來，刑警又告訴嫌疑人「我之所以幫你，是因為我看得出你不是壞人。」這句話足以震撼嫌疑人。連刑警都這麼相信自己，自己實在沒必要自暴自棄。

刑警所說的這些話沒有一點花言巧語，句句是真情實理、肺腑之言。因此，嫌疑人最後被打動了。

由此可見，不論在什麼不利的情況下，如果能以一顆坦誠、包容的心，好好用真誠的話語與對方交流，也許就能峰迴路轉，最終得到好的結果。

坦誠溝通，消除誤會

松下事業剛起步時，為了推廣一種新型照明燈，希望合作夥伴免費為他提供 10,000 個新型的乾電池來配合。對此，合作夥伴當然感到驚訝。他問松下：「您說什麼？ 10,000 個，而且是免費的？松下先生，我不太明白您的意思。」

松下想到對方誤會自己了，擔心自己的償還能力，於是說出自己的理由：「先生，最近我發明了一種照明燈，很實

用而且也有發展潛力。可是，我能力有限，如果一個個慢慢賣，不如將這 10,000 個當成樣品分發下去。因此，我真誠地希望您能配合我。」

對方聽後說道：「您這個想法的確是滿偉大的，可是，我也是小本生意，利潤微薄，您也知道的。」

松下明白對方還是擔心他還不了錢，於是進一步解釋道：「我不會毫無緣由白拿您 10,000 個乾電池。我保證一年之內把 20 萬個電池賣出去，所以請您先送給我 10,000 個。如果賣不了 20 萬個，您就照規矩收錢。」為了打消他們的疑慮，松下接著解釋說：「現在我 30 歲，正年輕呢！即便虧損，也有機會彌補。我事業發展起來，一定不會忘記您們對我的幫助。」

松下既坦率地說明了自己的難處，又為對方考慮，不論輸贏都不讓對方承受風險。這時，對方終於明白了他的意思，露出笑臉說：「年輕人，好好做吧！您若能在一年之內賣掉 20 萬個，這 10,000 個我就免費送給您。」

松下沒想到對方不但通情達理，還反過來鼓勵自己，於是馬上就將新產品投向市場進行試用。大獲成功後，松下的事業邁入了新的里程碑。

在事業的打拚中，離不開他人的支持、合作，特別是當你的要求他人不理解、產生誤會時，一定要坦誠向對方說明

理由，千萬不能為了達到自己的目的，暫時矇騙對方。那樣，即便自己一時計謀得逞，卻會落下不良的口碑，不利日後的發展。只有坦誠地說出自己的想法、苦衷，得到他人的理解，才會贏得他人的支持。

同樣的，在職場中，當你和上司之間發生了誤會時，你更需要及時坦誠地告訴上司自己的想法，因為他可能不會主動找你溝通。

小孫一直兢兢業業地工作，從來沒請過假。可是，上司開會時很明確地說：「在同梯的幾個員工中，只有小李的工作態度最好，尤其難能可貴的是，他非常注意細節。」

小孫聽了感覺非常委屈，自己也做出了很多成績，難道上司都沒有看到？卻抓住細節不放？因為小孫有 2 次被上司看到進辦公室時正在吃早餐。還有一次，因為工作忙，他忘記關影印機電源了。可是，上司只看到他吃早餐，卻沒看見他晚上加班到深夜……於是，他想，應該好好和上司談一下了。

會後的某天，小孫來到上司的辦公室。他匯報完工作後問：「您認為我的工作表現如何？」上司想了想：「你的成績很突出，但是經常不注意細節。」

小孫坦誠地說：「我本來以為，身為一名員工，只要做好工作，做出成績來就可以了，一些芝麻般的細節問題沒有

這麼嚴重。沒想到，恰恰在這方面，我們發生了分歧。」

「唔！原來你是這麼想，」上司明白了小孫的看法後說，「我以前也曾這樣想過，但事實已經證明，不注意細節讓我吃了大虧，公司和客戶都因此受到損失。」接下來，上司又向小孫講出自己因為在雪糕包裝時沒有認真檢查而裝進一隻蒼蠅，使企業品牌遭受影響的事情。小孫終於明白上司對自己的用心，是為了讓自己吸取他的教訓，不敗在細節上。

不論上、下級間，還是與客戶、合作夥伴之間，都需要溝通。溝通無處不在。要溝通就需要用坦誠的話語表達出自己真實的想法，不必擔心因此破壞了彼此的交情。其實，理是越說越明。不溝通，小誤會也會產生大分歧。

有一個客戶，他生意做得很大，因此，企業都有求於他。可是，有個企業偏偏沒有答應他的某些要求，因此，該企業的推銷員去拜訪時常常會被他罵。對此，推銷員為了不得罪這位「大爺」，只得忍氣吞聲。

這次，輪到小賈的頭上。他剛進門自我介紹完後，就被罵了一頓：「你們公司的人都是一群廢物！廢物！廢物！還來幹什麼？」

小賈一下子愣住了！不知道自己為什麼無端遭此辱罵。但是，小賈覺得為了公司的形象，為了個人的尊嚴，他有義務駁斥一下。因此，他平靜而有力地說：「××經理，我知

道你對我們公司有些誤會，可是，我是禮節性拜訪，你不應該這樣對待我。更何況你現在還在做我們的產品，這說明還是賺錢的！有問題可以說出來，我們一起商量，這才有解決問題的可能！」

聽到小賈這番真誠的話語，再看看小賈心平氣和的態度，這位經理感覺自己有點過分了，因此主動道了歉。之後他將抱怨的原因全部說了出來。小賈幫他分析原因後，商量出了解決問題的辦法。後來，他們也成為好朋友。

在人和人的交往中，由於背景、身世、風俗習慣、所受教育等不同，難免會產生一些誤會。這些誤會不僅在社會上有，在家庭中也會存在。如果不及時坦誠溝通，只會產生更多誤會。因此，當你發現自己與他人之間有一定的隔閡或誤會時，就要與他們坦誠溝通，及早消除誤會，這樣就可以避免產生一些不必要的摩擦和糾紛。

▌賠禮、道歉要表現出真誠

不論在社會上與人交往，還是在面對客戶的服務中，誰都會做錯事，向他人賠禮、道歉是避免不了的，如果賠禮道歉時敷衍塞責、油腔滑調，會讓人感覺沒有誠意。有時，反而會激化矛盾。因此，賠禮、道歉一定要表現出自己的真誠。真誠不但可以贏得他人的信賴，在危急時刻還可以化干

戈為玉帛。

某次，有位顧客在喝優酪乳時，從吸管裡吸出了一小塊玻璃，於是怒氣衝衝地去優酪乳公司投訴。他直衝經理辦公室，開口就說「你們只顧著賺錢，難道不顧別人的死活嗎？」

可是，正在辦公的經理並沒有因這些刺耳的話惱怒。他聽完後關切地問：「啊！真對不起，那碎玻璃有沒有讓你受傷？」當他聽到沒有受傷才轉憂為喜，同時又自責說：「那真是不幸中的大幸！如果不是你，而是老人，尤其是孩子喝了這瓶優酪乳的話，後果就真的不堪設想了！為了彌補對你造成的驚嚇，我們免費送你一箱優酪乳。我代表員工向你賠禮、道歉。」說完，經理鄭重地彎下身子向顧客鞠了一躬。

這位顧客看到經理先關心他的態度，和他絲毫不做作、也不找理由辯解，而是真誠向自己鞠躬的行為，反而被打動了。因此，怒火先消了一半。他想，其實這家公司是把顧客放在心裡的，也許是因為偶然的失誤才會發生這樣的事。看他們經理的態度，不像是不負責任的人。這樣想後，他也不再埋怨這家公司了。

真誠地向對方道歉，並主動承擔責任，一般情況下，總能得到別人的諒解。誠摯的歉意不僅可以彌補破裂的關係，而且還可以促進彼此心理上的溝通，從而增進感情，使雙方

關係變得更為牢固。因此,認錯、道歉要真心誠意,不必找客觀原因作過多的辯解。如果真的有非解釋不可的難處,最好也將其安排在誠懇道歉後稍做解釋,而不要一開口就辯解不休。

那麼,怎樣的道歉才算是誠心誠意呢?

❖ **語氣溫和**:既然是賠禮、道歉,語氣和聲調一定要溫和,不能聲音太高,理直氣壯。這樣對方會覺得你沒誠意。當然,也不必低聲下氣。用溫和的語氣和適合的聲調表達出自己的誠意和歉意,對方才會容易接受。

❖ **注意說話方式**:有些人在賠禮、道歉時總愛說「不就是賠禮、道歉,說句對不起就好了嗎?」這種方式似乎是挑釁對方。對方是否能接受你的道歉,決定權在他們手中,不是你自己說了算。因此一定要注意說話方式。

❖ **態度坦誠**:道歉既不能模棱兩可,也不能不著邊際、躲躲閃閃,找這樣、那樣的藉口,如此,別人不僅不會接受你的道歉,反而還會認為你非常虛偽,從而對你更加反感。例如,因為變幻無常的天氣而給對方造成一定的麻煩時,若你只強調客觀原因,對方即使嘴上不說,心裡可能也會對你有所抱怨。

當然,道歉也不能把錯誤全部往自己身上攬。要實事求是,應該自己承擔的責任就不要推卸,不該自己承擔的,也

沒必要替他人承擔。

另外，如果你求人辦事，對方已經盡了全力，然而因多方面條件的限制，事情最終沒能辦成時，你也要發自內心地表達自己的歉意。因為也許是你要求太高，讓對方為難了。這麼做，既給對方面子，且下次開口，對方能做的事還是會幫你。

在繁雜的人際交往中，賠禮、道歉也是其中的重要環節，要把這個環節做好，關鍵要表現出你的真誠，讓你的真誠幫助你獲得別人的理解和諒解。

謊言讓人失去信任

很多時候，口才的魅力並不在於你說得多麼流暢、滔滔不絕，而在於是否善於表達真誠！只要你能用真誠、坦率的話語真實地表達出自己的感受，對方就會對你有好印象，否則再伶牙俐齒也是枉然。

在人才競爭激烈的求職場上，要找一份滿意的工作並不容易，因此，有些人便想盡辦法用各種謊言為自己貼金。在他們看來，用人部門對自己不了解，不會知道真相。因此在面試時花言巧語，說得天花亂墜，只求把主考官矇騙過去。也許謊言能讓他們暫時得到工作，但終究不敵時間的考驗，最終會永遠失去對方的信任。

第 2 章　用真誠贏得信任

　　小孟本來是一般私立大學的畢業生，但是她在求職時把自己的履歷改成了某國立大學的碩士生。小孟認為，在人才濟濟的臺北，私立大學學士沒有太大的競爭力。

　　憑著出色的履歷，小孟得到了面試的機會。她抓住這個寶貴的機會，盡量展現自己的優秀，說自己「熟練操作WORD、EXCEL……」，於是憑著出色的口才和個人形象，小孟從眾多的競爭對手中勝出。小孟應聘的是臺北某大型企業的辦公室祕書職位，當然離不開辦公軟體的應用。但小孟平常只會上網，連表格都不會製作，對文祕工作更是知之甚少。她想先得到這個職位，業餘時間可以再學習所需的相關知識。

　　但是，僅僅不到半個月，辦公室主任便發現小孟的缺陷。這天，主任要求小孟起草一份專案書，數位部分要用表格標注，列印出來。可是，小孟忙了一天還沒有眉目。於是，第 2 天，人力資源部主管就把她叫到辦公室，對她說：「孟小姐，妳的履歷上說熟練操作WORD，為什麼連普通的表格製作都不會呢？而且堂堂的中文碩士居然寫了很多錯字。」小孟聽到這裡，臉上一陣尷尬。

　　為了緩解尷尬，人力資源部主管又說：「本來，我們可以考慮安排妳去其他職位，可是，妳居然說謊，任何一個職位都不需要這樣的員工。希望妳以後再找工作時能學會誠實。」

　　小孟的故事說明，謊言帶來的只會是別人對你的鄙視與不信任，同時，謊言也是不尊重對方的表現，會讓你的形象和人品也大打折扣。如果一個人在語言上不遵循「誠實」原則，輕則影響個人的形象和聲譽，重則危及組織的前途和生存。因此，每個公司都希望員工具備誠實的特質。

　　有時，為了試探未來的員工是否誠實，某些公司在招聘面試時會假設一些不可能辦到的事情或情景。對此，有的人唯恐求職失敗，會用盡各種巧妙的語言極力掩飾自己，表現自己的無所不能。但結果往往是那些真誠、坦率的人最後勝出。

　　當年，卡內基在應徵國際函授學校丹佛分校銷售員的工作時，就遇到一個十分難以回答的問題。負責面試的經理艾蘭奇先生，看著眼前這位身材瘦弱、臉色蒼白、絲毫顯現不出特別銷售魅力的年輕人，提出了一個十分棘手的問題：「年輕人，聽說你要應聘銷售員，那麼我問你，公司現在有打字機需要銷售，請問你能用什麼方法把它推銷給農場主人呢？」

　　卡內基一聽，確實愣住了。在當時的條件下，農場還沒有發展到現代化辦公的地步，他們也不是傻子，誰會心甘情願去買又貴又不需要的東西呢？可是，自己應聘的是推銷員，如果連一臺印表機都推銷不出去，怎麼證明自己適合這

個職位呢？

　　但是，卡內基想想自己確實沒有這個能力，因此有點洩氣地回答：「抱歉，先生，我沒辦法把這種產品推銷給農場，因為他們根本就不需要。」

　　誰知，艾蘭奇先生聽後高興地從椅子上站起來，走過來拍拍卡內基的肩膀說：「很好，你通過了，好好做，年輕人，你會成為一名出色的推銷員的。」

　　原來，在眾多面試者中，唯有卡內基對這個問題的回答令他滿意。以前的應徵者總是胡亂編造一些方法，唯恐面試官小看他們，但實際上根本就行不通，因為農場沒有這個需求。而卡內基與眾不同，坦誠地說出了真心話，既表現出自己的誠實，也表現出對工作負責任的態度。用這樣的推銷員，老闆放心、企業放心、客戶也會放心，而有了信任才有進一步來往的可能。

　　由此可見，不論在工作中，還是在日常生活裡，誠實都是人必備的特質。友誼和信賴是要靠真誠換取的，如果只圖眼前利益，失去了他人的信賴，就不可能有長遠的發展，而真誠的人卻總能適時地為自己贏得機遇。

第 3 章
談吐簡潔，利人利己

第 3 章　談吐簡潔，利人利己

　　有些人在說話時，總喜歡喋喋不休、滔滔不絕。這樣不僅無法表現出他們的交際口才，反而會惹人厭煩。

　　亞歷山大・湯姆曾經說過：「我們進行談話如同是一次宴會，不能吃到很飽才肯離席。」也有句古話說：「話多了不甜」，即便是讚美他人的話語，反覆念叨也會淡而無味。

　　現在，許多企業，尤其是外資企業，都喜歡採用「一分鐘示像」法來選擇人才。就是只給應聘者一分鐘的時間來介紹自己，同時會錄影，然後拿給招聘者觀看。由於一分鐘時間很短，因此說話內容太多、太繁雜的人，連面試這一關都過不了。其實，不只在面試中，在其他場合的交談也是一樣，不論是自己挑大梁，還是與他人交談溝通，都要留心觀察其他人的反應，要長話短說，言簡意賅。如此既是對他人的尊重，也能節省自己的時間。何樂而不為呢？

言多必失

　　「話多了不甜」，話多了不僅不甜，還會讓人厭煩，如果是在商務合作中，對方也許會從你那些不該說的多餘話中聽出不利的資訊，從而使合作告吹。

　　美國一位實力雄厚的企業家曾經計畫在中國某大城市投資建廠，因此，前去尋找適合的合作夥伴。中國某大型企業有幸接到這位外商拋出的「繡球」。

外商對該企業進行了一番考察後，頗為滿意，尤其對該企業領導者頗為欣賞。這位領導者精明能幹，通曉經營，外商似乎從他身上看到了合資企業的光輝前景。

萬事俱備，準備簽約時，該企業領導者又頗為自豪地侃侃而談道：「我們企業雖然只有 2,000 多名員工，但是去年共創利潤 700 多萬元，在中國企業中名列前茅啊……」聽到這裡，外商掐指一算：700 萬人民幣，相當於 100 多萬美元，2,000 多人一年才賺這麼一點利潤就引以為豪，目光有點短淺了吧？似乎不是做大事業的胸懷。

於是，外商覺得如果與他合作，離自己預定的利潤目標差距太大了！很難談得上跨越式發展，於是決定立即終止合作談判。

這個例子說明：說話越多，漏洞可能就越多。那位領導者最後那些畫蛇添足的話，不僅暴露出他自身的弱點，更令外商失去了合作的信心。試想一下，如果那位領導者不說最後那幾句沾沾自喜的話，結果也許會是另一番景象。

《鬼谷子・本經符》中有云：「言多必有數短之處」，就是成語「言多必失」的出處。為什麼言多必失呢？首先，任何人都客觀存在一定的語言失誤率，從機率的角度來說，「言」的數目越多，失誤的絕對數目就會越大；其次，言語過多，難免把時間與精力側重在說上，留給思考的時間與精

第 3 章　談吐簡潔，利人利己

力過少，必然會增加語言的失誤率。你總是滔滔不絕地說話，言語中就自然而然會暴露許多問題。例如，你對事物的態度，你對事態發展的看法，你今後的打算等。這樣一來，對方對你有了更全面、立體的了解，他們或許會發現，原來對你的好印象是經不起推敲的。

大家一定都有這樣的經驗，往往一個陌生人在說第一句話時，就形成了別人對他的初步印象，這就是所謂的「先入為主」。為了給對方一個好印象，少說話是個好方法。因為你和對方彼此不太熟識，沒必要推心置腹多說；另外，因為彼此不熟悉，你認為很容易理解的話語，對方也許會產生誤會；少說話也可以適當掩蓋一下自己的缺陷。等到對方和你交往加深了，即便暴露這些缺陷，對方也能理解、包容。

另外，話語太多也容易招致災禍。試想，如果對身邊一些看不慣的事情濫發議論、不加節制，不計後果，很容易被別有用心的人以訛傳訛，這樣就會替自己增加很多負面影響。如果為了表現自己的口才，不分場合地信口開河、誇誇其談，遲早會吃虧。

因此，說話要拿捏分寸，哪些話該說，哪些話不該說，應該做到心中有數，說得恰到好處，在最短的時間內讓對方明白你所說的意思，這才是口才好的人。這既是一種修養，也是一種水準。

繞太多彎討人厭

有一個笑話：一個慢郎中奉命照顧主人家的獨子小少爺。某天，主人外出，吩咐慢郎中看管好小少爺。主人回來後，沒看見孩子，急忙問慢郎中：「小少爺呢？」

慢郎中回答：「……後花園。」

主人到後花園，沒看見，又回來問：「怎麼沒有啊？」

慢郎中說：「在井邊玩。」

主人又到井邊去找，還是沒有，氣急敗壞地要打他，慢郎中這才說：「掉進井裡了。」

「啊！為什麼不救他啊？」主人大吃一驚。

「……都過了半天了。」

「都什麼時候了還繞彎子，不能一次說完嗎？」主人氣得把慢郎中打了一頓，開除了事。

這個故事雖然有誇張的成分，但是在現實生活中，有些人說話的確很愛繞彎。能一句話就說完，他們 10 句還說不到重點，能一個小時說完，他們要說半天。他們為了在人前炫耀自己的這種能力，常常會故意把簡單的問題複雜化，把本來可以說短的話說長。

1812 年英美戰爭全面爆發前夕，美國政府召開緊急會議，討論對英宣戰的問題。會上，一位議員的發言從下午開始一直持續到午夜，發言者竟然不理會會場上大多數議員四

第3章　談吐簡潔，利人利己

起的鼾聲。結果另一位議員又急又怒，把痰盂甩向發言者頭上，才結束了那人的發言。待通過決議時，英國人已經打到美國人的家門口了。

很顯然，這種「馬拉松式」的發言，超出了聽眾的心理承受能力，無法讓人接受，而因貽誤戰機所造成的損失，更是難以計算。

其實，說話的品質和說話的長度並不成正比。特別是在快節奏的今天，如果廢話連篇，東繞西繞，囉哩囉唆半天說不到正題，只會讓聽者討厭，因為這是不尊重他人時間的表現。而且，喜歡繞圈子有時還會影響人生的定位和成功。

以《少年維特的煩惱》、《浮士德》等不朽名著蜚聲世界文壇的德國大詩人歌德，就是因為意識到自己在說話時喜歡繞彎子、不適合當律師之後，從法學轉為從事文學創作的。

青年時代的歌德曾攻讀法學，獲得法學博士的學位，成為一名律師。

有一次，有人請歌德在法庭上擔任辯護律師。這位年輕的律師心潮澎湃，熱情高漲，他一走上法庭，就發表了一篇演說：「啊！如果喋喋不休和自負能預先決定明智的法院判決，而大膽和愚蠢竟能推翻已得到證明的真理……簡直是很難相信，對方居然敢向你提交這樣的內容，它們不過是無限的仇恨和最下流的謾罵熱情下的產物……啊！在最無恥的謊

言、最不知節制的仇恨和最骯髒的誹謗角逐中受孕的醜陋而發育不全的低能兒……」

這一段「帶有一股熱情的行吟詩人氣味」的辯護詞，詞藻華麗且很有熱情，充分顯示了歌德潛在的文學才能，可惜效果並不好，旁聽席上的聽眾公開表示對這種辯護的不滿，並不時發出低低的嗤笑聲，法官也微笑著搖搖頭。結果，對方的律師抓住這個機會，狠狠地駁斥和譏笑了他。

歌德被激怒了，隨即用一種「戲劇性的感嘆」來繼續他的發言：「我不能再繼續我的發言，我不能用類似這種瀆神的話來玷汙自己的嘴，對這樣的對手還能指望什麼呢……需要有一種超人的力量，才能使生下來就瞎眼的人復明，而制止住瘋子們的瘋狂，這是員警的事。」

這次連法官們也無法保持緘默了，法官向他指出，這樣的發言不能被允許，法庭上不能用這種語言來進行辯護。歌德的第一次出庭辯護，就遭到旁聽者的非議、受到法官們的指責，以失敗而告終。

後來，歌德思慮再三，終於放棄了律師的生涯，轉而從事文學創作。

雖然歌德具有非凡的駕馭語言能力，但他的辯護繞太多彎了，讓人不知所云，說服力不強。不但說服不了律師，連旁聽的人也不明所以，身為律師，顯然不適合。

第 3 章　談吐簡潔，利人利己

　　其實，不僅是在法庭辯護中，就是在其他場合，說話也要簡潔明瞭，因為說話不是自說自話，是為了讓人們明白你的意思。如果說了半天還雲山霧罩，不見廬山真面目，誰都會失去耐心的。

　　某些特定的時候，滔滔不絕、出口成章是一種「水準」，但善於概括、詞約旨豐、一語中的更是一種「水準」，而且更為難得，因為濃縮的都是「精華」。因此，要有「精華」意識，多出「精品」才是對自己寶貴時間的節省，對他人的尊重。

▌言不在多，達意即可

　　在我們身邊，有些人講起話來喋喋不休，但經過仔細思索就會發現，原來言之無物；有的人出言看似高深，但言語晦澀，聽得你一頭霧水；有的人口若懸河，滔滔不絕，但實際上是虛張聲勢；有的人辭藻華麗、巧言諂媚，實際上是譁眾取寵。其結果往往是，不僅不能說服眾人，還可能使自己的利益受到損失。

　　馬克‧吐溫曾講過這個故事：「有個禮拜天，我到教堂去，適逢一位傳教士在那裡用令人哀憐的語言講述非洲傳教士苦難的生活。當他說了 5 分鐘後，我馬上決定對這件有意義的事情捐助 50 元；當他接著講了 10 分鐘後，我就決定把

捐助的數目減至 25 元；當他繼續滔滔不絕地講了半小時後，我又決定減至 5 元；最後，當他講了一個小時，拿起缽子向聽眾哀求捐助，並從我面前走過的時候，我反而從缽子裡偷走了 2 塊錢。」

馬克·吐溫用幽默的方式告訴世人：說話宜短小精悍，長篇大論、泛泛而談容易造成聽眾的反感。

事實上，語言的精髓，在精而不在多，只要能表達清楚自己的意思就可以了，沒必要「戴帽穿鞋」、打扮得「太臃腫」。

墨子的一個學生曾問他：「老師，一個人說多了話有沒有好處？」墨子回答說：「話說多了有什麼用呢？比如池塘裡的青蛙整天一直叫，弄得口乾舌燥，卻從來沒有人理牠。但是雄雞只在天亮時叫 2、3 聲，大家聽到雞啼就知道天要亮了，都注意牠。所以話要說在有用的地方。」如果你留意就會發現，古今中外歷史上的那些口才大師，都是喜歡且善於運用簡潔明瞭的語言高手，他們惜言如金，言之既出則一針見血；他們語言簡練，卻深入淺出、言之有物。

在法國，有一位總理，以話語簡潔著稱。他就是羅杭·法比尤斯（Laurent Fabius）。

1984 年，新當選的法國總理羅杭·法比尤斯發表就職演說。第 2 天的報紙這樣描述新總理的演說：「還沒等人們醒

悟過來，新總理已轉身回辦公室了。」報紙並沒有誇張，事實上，總理的演說辭就這幾句：「新政府的任務是使國家現代化，團結法國人民。為此要求大家保持平靜的心態，拿出最大的決心。謝謝大家。」言簡意賅，非常完滿標準。

這短短的幾句話就包含了幾層意思：實現現代化就是奮鬥目標；政府的任務就是團結人民、帶領人民實現現代化；法國人民要拿出最大的決心。短短的話語既表明了政府的態度和決心，也對法國人民產生號召的作用。

由此可見，簡潔的語言不僅可以在短時間內表達完自己的觀點，且對聽者來說，也更易於接受。所以，言不在多，達意即可。能以簡練的語言表達豐富內容的人，才是口才的高手。

說話簡潔有威力

有些人可能會問，說話簡潔可以把道理說清楚嗎？特別是需要說服他人時，簡單的話語會有強大的威力嗎？

其實，簡練的語言是對豐富內容的高度概括。正因為發言人能根據實際情況靈活機動地調整自己的思維，把千言萬語匯成幾句話，所以，它比那些長篇大論更能增加說服力，更具有威力。

二戰初始，英法聯盟之一的法國投降，英國孤立無援地與納粹德國作戰。不可一世的德國人以為英國也會像法國那

樣不堪一擊，因此，希特勒在 1940 年 7 月 19 日的帝國國會做了長篇演說，先對邱吉爾進行一番痛快淋漓的臭罵，而後「語重心長」地勸說英國人民停止抵抗，並要求邱吉爾作出答覆。

可是，希特勒沒有料到的是，就在他的這番勸誡發出不到一個小時，英國廣播部門就用一個簡單的詞作出了答覆：「NO！」

後來，人們才得知，當時的這個「NO」不是英國政府通知廣播部門的，而是廣播部門的職員在收到希特勒的演講後，自行決定播出的。

邱吉爾得知後激動地表示：他為他的人民感到驕傲。因為這正是邱吉爾要對希特勒說的話。

在戰爭期間，惜時如金。這位廣播員能用一句話表明英國人民誓死不屈、奮戰到底的決心，無異於給德軍迎頭重擊。而且廣播員那簡潔明瞭的清晰聲調，也使人備受鼓舞，不僅說出了廣大英國人民保家衛國的心聲，就連那些持觀望態度的人，也因此堅定起來，因為他們透過廣播員堅定的聲音，感受到英國人民充滿必勝的信念和積極向上的力量。

可見，簡潔有力的話語，有時就像戰鼓和號角一樣，在關鍵時刻確實能產生鼓舞人心的作用。且越是在分秒必爭的關鍵時刻，簡短的話語越可以發揮「定乾坤」的作用。

第3章　談吐簡潔，利人利己

講話要抓住重點

簡單說話之所以受人歡迎，是因為這樣能讓聽眾在最短的時間內，聽到他們想要聽到，或應該聽到的東西，總是能讓人很快就明白發言者說話的關鍵所在。那麼，說話的時候，最關鍵的東西又是什麼呢？

人們常說，「說話要說到點上」，這個「點」就是關鍵部分。

從前有個客商新開了一家酒店，為了招徠顧客，特備厚禮請幾個秀才為他寫招牌。

甲秀才為了展示自己的文采，大筆一揮寫下一副對聯：「借問酒家何處有，此處就是杏花村」，橫批是「好酒在此」，給了店家。

眾秀才看到議論紛紛。乙秀才不甘示弱地指責「此處」2字太囉嗦；丙秀才也說「有」字純屬多餘；丁秀才則認為寫招牌沒必要弄成對聯形式。

結果，甲秀才帶著幾分怒氣，刷刷幾筆把其他字都抹掉，只留了個「酒」字。結果，店家很高興。因為這樣一來，既醒目，又不用多付錢給秀才們了。

結果，這個斗大的「酒」字被掛出後，格外醒目，遠近好幾里都能看見。

這個故事說明，不論說話還是寫文章，都需要簡練、抓

住關鍵，說到點上，讓對方在最短時間內了解自己的意思。只要能把關鍵的意思表達出來，其餘部分都可以割捨。因此，說話的時候，要考慮好哪些是最重要的，哪些又是最緊急的事情，找出問題的關鍵點，將之簡練地表達出來。

在林肯當律師的時候，有一次，他為當事人打官司，在那個官司審判的最後一天，對方律師整整花了 2 個小時來總結此案。林肯本來可以針對他所提出的論點逐一加以駁斥，但他並未那樣做，他只抓住了對方最關鍵的內容進行辯駁，結果贏得了這場官司。

對此，林肯曾說：在一場官司的辯論過程中，如果第 7 點議題是關鍵所在，我寧願讓對方在前 6 點占上風，而我在最後的第 7 點獲勝。這正是我經常打贏官司的主要原因。

這也說明了抓住重點、一招制敵的道理。

抓住重點，就不會浪費自己和別人的時間，就能有效利用資源，就能在最短的時間內說出自己最想說、最該說的話，讓聽者聽到他們最想聽的內容。

簡潔不等於簡單

有些人可能會認為，要做到說話簡潔還不容易嗎？只要話語簡短不就可以了？不是的，語言簡潔是指語言表達要簡明扼要，高度凝練、言簡意賅。如果話語簡短但說明不了意

第3章　談吐簡潔，利人利己

思，或表達的話語模糊，會令人產生誤解。所以，簡潔不等於簡單。如果僅僅是為了追求簡短而讓語義模糊，便會帶給他人很多麻煩。

在二戰期間的英國，就曾發生過因為語言簡單、表達語意模糊，而導致對方誤會的事情。

當時，由於德軍經常空襲倫敦，英國空軍時刻保持高度警惕。一個濃霧漫天的日子，倫敦上空突然發現一架來歷不明的飛機，於是戰鬥機立即升空迎擊，可是，等他們靠近後才發現，原來這是一架中立國的民航機。在他們無法決定應該採取什麼措施的情況下，向地面指揮部報告了這個情況，得到的回答是：「別管它。」

這3個字的確夠簡單了，於是，英國戰鬥機聽到後就把這架民航機打落了。因為「別管它」可以有2種解釋：一種是「別管它，讓它飛」，另一種則是「不管它是什麼飛機，先打下來再說」。偏偏英國空軍理解成「寧可錯殺一千，不可放過一個」。可想而知，英國為此支付了多大的一筆巨額賠償。

是的，語言簡短有時是很難將複雜的思想感情清晰地表達出來的，如果在萬分危急的時刻，再掐頭去尾，聽者怎能完全理解呢？所以，話語簡練並不是為了追求簡單而用模糊不清的語言去表達。只有恰到好處、表達清楚自己的意思，才是真正的簡潔。

總之，說話要簡潔精練，既不拖泥帶水，也要把自己的意思表達清楚，這樣溝通才更有效。

培養簡潔說話的能力

想做到說話簡潔，需要從很多方面來強化自己。

清代畫家鄭板橋有詩云：「削繁去沉留清瘦，畫到生時是熟時。」說的是畫竹需要化繁為簡的能力。其實，不單是作畫，要培養簡潔說話的能力，同樣也需要「刪繁就簡」。

具體來說，要鍛鍊自己在語言上的刪繁就簡能力，可以從以下幾方面做起：

直搗主題

當你想發表觀點時，不妨直搗主題，不必先說許多無用的鋪墊，如國家的什麼政策、原文是什麼等等，你完全可以直接說，「我想說一下關於節約用電的一些注意事項……」，圍繞你的主題，可以進行簡潔的表達，比如提醒大家隨手關燈等，千萬別節外生枝。

學會概括

概括就是用十分凝練的語言，提綱挈領地把問題的本質、特徵描述出來，讓對方能很快了解自己的說話意圖。為了鍛鍊自己這方面的能力，可以找一段文章，試著用簡短的

語言表達出文章大意。另外，在說話時，要鍛鍊自己迅速選好角度、組織語言的能力。這樣慢慢訓練，就會有所成效。

多用短句，少用長句

簡潔的語言一般都通俗明快，因此在句式運用上，易說、易聽的短句更受歡迎。因為長句通常聽起來很費力，若要追求詞藻的華麗、句式的工整，則必然顯得拖沓冗長。因此，要多用短句，表達效果明快、活潑有力，還可以表現出激動的情緒、堅定的意志和肯定的語氣。

學會應急

由於受客觀環境的限制，有時容不得你長篇大論，只能說三言兩語。此時，唯有簡明扼要的話語，才能顯示其特有的鋒芒。因此，可以有意識地鍛鍊自己在各種緊急場合下的語言表達能力。

限時反駁

很多時候人們的話語是有意義的，但是缺乏針對性，太廣泛，也會讓聽者抓不到他們所表達的核心意思，這樣的表達顯然是失敗的。對於有這種缺陷的人，可以透過限時反駁的方式來鍛鍊自己。

我們知道，反駁他人時不需要面面俱到，也不能模棱兩

可，要抓住本質，擊中要害。此時的話語應非常簡潔。因此，平時可以有意識地為自己設幾道限時反駁的論辯題進行限時訓練，每題限時 2 分鐘做出反駁，對著錄音機說，說後重聽，看看是否擊中要害。這樣也可以提升簡潔說話的能力。比如：

❖ 人為什麼有 2 隻手、2 隻耳朵、2 條腿，卻只有一張嘴？
❖ 什麼樣的學生是最好的學生？

總之，找到幾個難以反駁的話題，讓自己限時反駁，也可鍛鍊簡潔說話的能力。

注意觀察他人的反應

在日常生活中，在與他人溝通時，要注意觀察對方的反應。如果對方對你說的話感興趣，就會有積極的反應；如果對方表情冷淡、哈欠連連，你就要趕緊「剎車」，適可而止。這樣也可以提醒自己說話簡潔些。

在瞬間展現精彩

1863 年 7 月，美國南北戰爭中的一場決定性戰役，在華盛頓附近的格提士堡（蓋茨堡）打響了。經過 3 天的鏖戰，北方部隊大獲全勝，戰後，賓夕法尼亞等幾個州決定在格提士堡建立因維護國家統一而犧牲的烈士公墓，公葬在此犧牲

第 3 章　談吐簡潔，利人利己

的全體將士。

這次儀式的主講人是艾弗雷特，林肯只是因總統的身分，才被邀請在他之後「隨便講幾句適當的話」。

這對林肯來說，有很大的難度，因為艾弗雷特不僅是著名的政治家和教授，也是當時被公認為美國最有演說能力的人，尤其擅長在紀念儀式上的演講。在這種情況下，怎麼講才能抓住聽眾的心呢？

林肯沉思片刻，決定以簡潔取勝，結果他的演講大獲成功，儘管整個演講只有 10 句話，從上臺到下臺不過 2 分鐘，但掌聲卻持續了 10 分鐘。當時的報紙評論說：「這篇短小精悍的演說是無價之寶，感情深厚、思想集中、措詞精練，字字句句都很樸實、優雅，行文完全無疵，完全出乎人的意料。」就是艾弗雷特本人第 2 天也寫信給林肯道：「我真佩服您，僅用了 2 分鐘就說得明明白白。」

後來，林肯的這次出色的演講辭被鑄成金文，存入牛津大學圖書館，被視為英語演講的最佳典範。

林肯這次演講獲得巨大成功，給我們一個啟示：話不在多，在真、在精、在誠。

耶魯大學在舉行 300 年校慶盛典時，德高望重的校長致辭，連標點也算在內，總共只有 169 個字，但它卻囊括了耶魯大學整個發展史，這短短的「1 分鐘」發言是這樣的：

「今天，我們不要只說耶魯歷史上出了 5 位美國總統，包括近幾 10 年來接踵入主白宮的老布希、克林頓和小布希；也不要只說耶魯是造就首席執行官最多的大學搖籃。我們更應該記住，耶魯的畢業生中有 3 位諾貝爾物理學獎、5 位諾貝爾化學獎、8 位諾貝爾文學獎和 80 位普立茲新聞獎、葛萊美等獎項的獲獎者。耶魯，我們的耶魯，自始至終堅持為人類文明和社會進步服務的理念！」

「300 年與 1 分鐘」，鮮明的對比反差足以讓在場的每一位聽眾動容，簡潔的言語就是這樣散發著迷人的魅力。

某公司有 2 位年輕的司機，因為公司精簡人員，2 人有 1 人必須要被辭退。於是，部門舉辦了一個競爭選拔，讓 2 位分別談自己對將來工作的想法。

第一個年輕人上場演講時，說自己要怎麼把車整理乾淨，怎麼遵守交通規則，而且做到省油，不給公司增加負擔。滔滔不絕地講了半個多小時。

可是，第 2 位司機只講了不到 3 分鐘就下來了。他說他過去遵守了 3 條原則，現在他仍遵守著。3 條原則就是：聽得，說不得；吃得，喝不得；開得，用不得。

上司們一聽，好！最後這個發言簡練的司機被留下了。

這個司機就是用高度概括的語言表達工作態度，因而從競爭中勝出。

第3章　談吐簡潔，利人利己

　　這就是簡潔的語言在瞬間展現的精彩，讓說者自信、暢快，讓聽者動容、佩服。

第4章
委婉含蓄，避免衝突與尷尬

第 4 章　委婉含蓄，避免衝突與尷尬

委婉含蓄是生活中常見的一種巧妙的表達方式。比如，若誰家大齡女子還未結婚，人們不能說「她還沒有找到好對象」，或「她還沒有嫁出去」，常見的得體說辭是：「她還沒有找到姻緣。」按照傳統的說法，姻緣是天生的，因此，之所以成為剩女，和其自身的素養或其他客觀原因無關，只是因婚姻的緣分尚未到而已。

真正的口才高手說話張弛有度，進退適宜。他們或直指對方，咄咄逼人，達到震懾對方的目的；或委婉曲折，循序漸進，達到使對方心領意會的目的。

直言直語討人厭

我們知道，坦誠的話語可以贏得人們的好感，使交往順利，可是，坦誠並不等於口無遮攔、直言直語，任何時候都無所顧忌。

日常生活中不乏心地善良又率性而為的人，心裡想什麼，嘴裡馬上說出來，都不經大腦思考一下。雖然他們內心善良，可是，他們的好心一經自己的嘴說出後就完全變味了，即使是好意，所說的話也不容易讓人接受。

小寶是某公司職員，他的心地是公認的「好」。可是，別人雖然都稱讚他心地善良，但對他卻不敢恭維。小寶的確朋友不多，下了班沒有應酬，在公司裡也常獨來獨往。這是

為什麼呢？因為他說話總是直言直語、不加修飾，所以人們都盡量躲著他，以防被他口無遮攔地「轟炸」一番。

比如，某天，一位女同事穿了新衣服，沒想到小寶劈頭就說：「像妳這種腿短而粗的人，不適合穿這種裙子。」結果，女同事臉一沉，轉頭就走。

再如，有個新來的同事倒茶時，弄得地面溼淋淋的。小寶看不慣，邊收拾邊忍不住說：「你這孩子在家裡肯定是嬌生慣養，怎麼這麼不懂事啊！」

小寶不但對同事如此，對上司也是直言不諱。某次他看到上司的發言稿中有一些錯字，就自告奮勇修改，改好後告訴上司，想趁此展現自己，沒想到上司的臉色頓時由晴轉陰。

儘管小寶說的都是實話，可是，這樣不顧他人臉面、總是口無遮攔的方式，實在讓人感覺不好接受。不久後就有人傳言，小寶慣於貶低他人，抬高自己……。小寶實在想不通，實話實說有什麼錯？

實話實說本身沒有錯，而且也是做人正直的根本，但這並不意味著在任何時候、不分場合都可以口無遮攔，一律直言。我們所處的社會是紛繁複雜的，如果不加選擇、不分對象，不注意方式，只一味地實話實說，那只會破壞人際關係。

第 4 章　委婉含蓄，避免衝突與尷尬

　　生活本身就是藝術，既然是藝術，就要用藝術的方式來對待，不能不注意方式，說話太直接。假如沒有經過考慮直接說出口，很容易產生不想要的後果。說出的一句話，就等於投入池塘裡的一塊石頭，會掀起層層波瀾。因此，要懂得對自己說的話負責，不要想什麼就說什麼，等說出去再後悔就已經晚了。如果直接批評他人，就是一種負面和否定的語言暗示，不是使人反感，就是使人顧慮重重，增加心理壓力。

　　比如一位中年婦女買了一塊很鮮豔的布料，徵求丈夫的意見，如果丈夫毫不顧忌地直言：「妳一大把年紀了，還穿這麼鮮豔的衣服，豈不成了老妖婆？」可想而知，這樣生硬的話會如何傷害妻子的自尊心。

　　由此看來，不論在社會，還是在家庭中，處世口才要三思而後行，在充分考慮後果的基礎上說話。

委婉表達弦外之音

　　在現實生活中，誰都想聽好聽的話，誰都不想得罪他人。可是，有時卻不得不說些對方不願意聽，或對對方不利的話。

　　通常，當你不得不說的時候，對方不但不認錯，反而會反過來責問你：「為什麼不早一點告訴我？」因此，說出這些話會讓人們大為苦惱：「我怎麼專門做這種得罪人的事呢？這話可真不好說啊！」

那麼，如何才能把一件不便說出口的事表達出來呢？這就需要你委婉地說，讓對方聽懂你的弦外之音。

在一家高級餐館裡，一位新來乍到的顧客因為不懂得使用餐巾的方法，他便把餐巾繫在脖子上。餐廳的經理見狀感到很不雅觀，叫來一位服務生說：「你去讓這位先生懂得，那樣做是不妥當的。但是，你不能激怒那位先生。」

服務生接受任務後前去勸說顧客，可是，直接說餐巾應該怎麼放，顧客可能不會接受。因此，服務生稍微思考了一下，來到那位顧客的桌旁，很有禮貌地說：

「先生，我想向您請教一個問題。」

那位顧客看到服務生滿臉真誠的微笑，還彎下身子，不知要請教什麼，大度地說：「說吧！只要是我知道的，一定知無不言。」

服務生笑了一下，看著他脖子上的餐巾說：「其實我只是想隨便問一下，您是想刮鬍子還是要理髮呢？」

那位顧客愣了一下，馬上明白服務生的意思，不好意思地笑一笑，拿下了餐巾。

這位服務生是十分機智的人，他既沒有失客人的面子，又讓客人從自己的語言中明白了話外之音。這就是委婉表達的妙處。

試想，如果服務生直接指出顧客的做法不對，客人不容

易接受，若是脾氣較大的顧客，甚至可能會大吵大鬧，影響其他人就餐。而巧妙地用「弦外之音」，對別人的錯誤點到為止，無疑是不錯的選擇。

因為，委婉表達是為了幫助對方，而不是為了貶低對方，故以適可而止、給對方留餘地的方式最好，這會令對方對你充滿感激。

不但在服務顧客時需要委婉表達，就連在日常生活中，也需注意用委婉的口氣來表達不滿或看法，這也是尊重他人的表現。

比如，某位朋友不邀而至，貿然闖進了你的辦公室，如果直接告訴對方「你來的不是時候」，可能會讓他不高興。這時，可以用委婉的語言表達：「什麼風把你吹來了？真是稀客。我本來要去參加公司的例會，但你這位稀客駕到，我豈敢怠慢。所以專門告假 5 分鐘，坐下來跟你談一談。」這句話的「話外音」，乃是告訴對方「只能談 5 分鐘。」這樣說，既沒有怠慢對方，又可讓對方不好意思多打擾。

在處世中，委婉用語使用得當可以讓人掌握主動權，進退自如，皆大歡喜。

比如，你向老闆提出加薪時，如果直言自己的業績，非要老闆當面答覆。這樣沒有商量的餘地，反而會使你以失敗告終。

你不妨這樣說：「我已工作多年，有豐富的工作經驗和實際能力。我想我的薪水應高於該項工作的中等水準。這樣才與我付出的勞動相吻合。」這種誠懇又含蓄的方式，會讓老闆覺得不過分，又很願意考慮你的意見。

另外，在家庭生活中，對待自己的親人，如果能注意運用這種方式，也會減少摩擦，平息「戰火」。

比如，當女主人下班後急急忙忙鑽進廚房，忙了半天把菜端上桌後，男主人和孩子先吃了一口，齊聲說：「天哪！怎麼這麼鹹？這鹽是免費的嗎？」

試想一下，女主人會是怎樣的反應？如果當天她情緒不佳，也許會馬上把筷子一摔：「好啊！那你們煮好了！」

可是，如果孩子先喊「好鹹喲！」丈夫卻說：「還好嘛！可能對孩子鹹了點。」妻子馬上就明白丈夫的弦外之音，這時她也許會主動道歉：「這次鹽確實放多了點，下次我會多注意。」

還有，當丈夫總是出差，老是不在家，妳可以淡淡地說：「今天孩子說，爸爸好像家裡的客人，家好像是旅館一樣。」他當然能聽懂妳的弦外之音。

不論是親人還是陌生人，在和他們的相處中，總有一些話不好明確地說出來，這時，不妨把自己的弦外之意巧妙地傳達。需要注意的是，委婉表達弦外之音時，不要故弄玄

虛，也不要太深沉，要根據對方的身分和知識程度說話，要以能讓人聽懂為目的。

　　總之，很多時候，直接地表達未必能收到預期的效果，而間接委婉的說話方式，往往能讓人感覺舒服愉悅，可以把直言帶來的負面影響減小到最低限度。

婉言批評勝過當面指責

　　批評是一個敏感的話題，哪怕是輕微的，都會使人感到難受。如果批評者態度不誠懇，或居高臨下，冷峻生硬，甚至會引發衝突，產生對立情緒，使批評陷入僵局。特別是那些「心直口快」的人，在批評他人時，往往不能體諒對方的情緒，圖一時「嘴快」，隨口而出，過後又把說過的話忘記了，但在被批評者的心裡，卻蒙上了一層陰影。

　　王斌是某大型私人企業的產品檢驗主管，不僅人長得英俊，能力也數一數二，因此難免有點自大。

　　在工作中，他和助手因為對某產品的品質標準問題而發生爭執。助手說產品已經達到行業標準，且現在離交付客戶的時間已經不多了，沒有必要再做了。

　　而王斌對助手的這種態度很不滿意，他說：「我們自己苦一點、累一點都沒有關係，但要對客戶負責，要對自己的職業道德負責。這次實驗的意義非常重大，所以有必要再精

確地做一次，以防萬一。」

　　助手本來個性就有點急，再加上連日來加班身體疲憊，一聽到這些話，就有點生氣了。他反抗說：「我哪次沒有對客戶負責了？不用你提醒我。難道全廠只有你一個人對客戶負責嗎？」說完，氣呼呼地轉身就走。

　　王斌以為自己是部門負責人，而且又有工作經驗，這樣就能讓助手聽從他的意見，其實他錯了。

　　有些人批評他人時，總喜歡用「你應該這樣做……」、「你不應該這樣做……」，好像只有他的看法才是正確的，這種自以為是的口吻只會引起別人的反感。

　　「人只有敬服，沒有打服和罵服的。」當你說出「你錯了」或「你為什麼這麼笨？犯這樣的錯……」，這種直接的指責，很容易挫傷對方的自尊。羅賓森教授在《下決心的過程》一書中說過一段富有啟發性的話：「人，有時會很自然地改變自己的想法，但如果有人說他錯了，他就會生氣，更加固執己見。如果有人不同意他的想法，那反而會使他全心全意地去維護自己的想法。不是那些想法本身多麼珍貴，而是他的自尊心受到了威脅……」。

　　所以，在批評、糾正他人的錯誤之前，先停一下，想一想如何更客觀、更準確、更婉轉地表達你的意思，才能達到目的。

第4章　委婉含蓄，避免衝突與尷尬

　　其實，批評不需要聲嘶力竭，有時，溫和友善的言辭比憤怒粗暴更有力。

　　美國一位著名的飛行員，經常參加飛行表演。有一次，他在返回洛杉磯駐地途中，飛機的 2 個發動機在 300 公尺高度時突然熄火，他憑著熟練的飛行技術使飛機降落了。雖然無人傷亡，但是飛機遭到嚴重損壞，著陸後，他立刻檢查，發現是機械師加錯燃料了。於是，飛行員要見見這位機械師。

　　當時，這個年輕的機械師得知因為自己的過失造成昂貴的飛機如此大的損失，且差點害 3 個人送命時，非常痛苦，當飛行員走近他，他淚流滿面，渾身發抖，簡直無法想像這位死裡逃生的人會如何懲罰自己的粗心大意。

　　可是，完全出乎他的意料，飛行員沒有怒氣衝衝地批評、指責他的失誤，而是上前摟著他的肩膀說：「為了向你表明我堅信你不會再這樣做，我希望你明天為我的 F-15 提供優質的服務，如何？」

　　這位機械師被感動了，後來，他果然沒有再犯類似的錯誤，而且做得更加出色。

　　「人非聖賢，孰能無過？」人難免會因一時的糊塗而犯錯。很多人做錯事都不是故意的，當他們做錯事時，內心也在反省，覺得抱歉、恐慌、不知所措，此時如果再遭遇嚴屬

的批評指責，效果往往適得其反。性格懦弱的人會因此看輕自己，性格偏激的人會因此直接反駁，從而傷了和氣，影響團結。因此，假如對方真的錯了，你必須讓他承認並糾正錯誤，也切忌態度生硬、自以為是，不妨用委婉的語氣指出他的錯誤，也許就能獲得不錯的效果。

❖ **若無實有地提醒對方**：一位人際關係學家說過：「必須用若無實有的方式教導別人，提醒他的錯誤時，要像是他忘記，或是一時疏忽造成的。」如「你出這樣的錯，可能是不小心、缺乏經驗造成的……以後做事，自己要多加注意。」或者說「我想，下次你一定不會再犯類似的錯誤了。」諸如此類的話，對方不僅會感激你的信任，更重要的是，他會為了感激你的大度而提醒自己不再犯此類錯誤。

❖ **商量的口氣**：糾正對方時，最好用委婉、商量的語氣，如把「你不應該用紅色！」改成「你覺得如果不用紅色是否會好看一點呢？」這種商量的口吻可以維護對方的自尊心。

❖ **把批評和建議融合在一起**：另外，可以把批評和建議緊密連結在一起，指明給對方改正的方向。因為有些人不一定知道自己的缺點，更不知道怎麼做才是對的。此時，可以用這種方法。

比如，有客人要來你家吃飯，丈夫卻盯著電腦，不肯挪動地方，更沒有做任何準備。這時，你可以對他說：「你能不能幫我擺好桌椅、碗筷，客人就要來了。」這樣就從另一個角度婉言批評了丈夫的懶惰。

❖ **自我貶低**：人和人都是平等的，溝通中的雙方也是如此，對某事持有不同的觀點是常有的事。

　　如果有人說了一句你認為是錯誤的話，而你又想提醒他，此時這樣說會比較好：「嗯，我倒有另外一種想法，也許不對。如果不對，你就當耳邊風。」這樣也會收到神奇的效果。

❖ **及時補過**：如果你批評對方時不小心說了令對方討厭的話，也要委婉地說明：「哎呀！你看我的嘴真笨！其實，我的意思是……」，及時將自己的意見婉轉地告訴對方，這樣就可以避免傷了和氣。

　　總之，在批評他人時要拿捏分寸，既要指出對方的錯誤，又要給對方留面子，另外，也要考慮場合問題，只要含蓄委婉地表達出你的意思，讓對方領悟即可，盡量避免讓對方當眾出醜。多多理解對方，他才會更容易接受你的批評或建議。

婉言相拒，不傷面子

生活中，你也許會遇到這樣的事情：一個品行不良的熟人，不知怎麼打聽到你工作的公司或住宿的地方，硬纏著你要向你借錢；你明知借他錢無異於「肉包子打狗」，可是又拋不開情面；或當你在公園散步時，遇到熟識的人向你兜售物品，你明明不想買，卻不知怎麼拒絕；或至親好友因老人住院、孩子升學等問題前來找你幫忙等。

能幫忙的當然要幫，可是如果是自己力所不能及的，就要斟酌一下了。

要知道，你的精力和時間是有限的，你也有自己的工作要做，也有需要擔負的各種責任，而且你也不是萬能的，沒有有求必應的本領。如果向別人承諾自己不願、不應、不必履行的職責，一旦無法辦成，會讓對方更生氣。因此，該拒絕別人的時候就得拒絕。

當然，拒絕人也需要技巧。雖然你們都是老朋友、熟人，可以坦誠相見，互不隱瞞，但如果不考慮方式，直言拒絕，也可能把多年的朋友得罪。所以不到迫不得已，千萬別用這種方式。拒絕他人時，最好能做到不招來非議和埋怨。

第 4 章　委婉含蓄，避免衝突與尷尬

▋對事不對人

　　拒絕應當對事不對人，不應看對方地位的尊卑及雙方利害的大小，而要視事情的輕重、自己能否達成而定。如果對方要求你辦的事超出你的能力範圍，比如工作調動等，你辦不到，就要婉言拒絕，當然也可以給對方指路，請他們找某個人試試看。這樣對方考慮到你的實際情況，或許會接受你的意見，也不會埋怨。

▋暗示

　　當對方的要求不符合公司或部門的相關規定時，你就要委婉地表達自己的工作許可權，並暗示他如果自己幫了這個忙，就超出自己的工作範圍，違反公司的相關規定。

　　老劉在公司負責行政管理，他鄰居的兒子在報社當推銷員。某天，向他推銷報紙。雖然這種報紙和公司的經營沒有絲毫相關，老劉也不能一口回絕啊！因此他很有禮貌地請對方看了看公司訂的報紙後說：「我知道你們的服務很周到，可是今年行政費用縮減，我們只訂閱這幾家與營運密切相關的報紙。」最後，老劉說：「實在對不起，請諒解。等明年效益好轉一定考慮訂你們的。」

　　像這種暗示的方法，比直接拒絕要好得多。對方既明白原因，不再糾纏，也不會傷害彼此的友誼。

再者，如果你是主管之一，當有人請你辦事時，也可以這樣說：「我們公司是集體領導，類似你這樣的情況，需要透過集體討論後才能決定。」

拒此應彼

某電視臺要舉辦歌唱比賽，一位企業家找到自己的朋友 —— 電視臺策畫人，說：「你們比賽不是需要錢嗎？我贊助 50 萬元，你安排我當評審如何？」這個人其實根本不懂藝術。面對對方的要求，策畫人一拍對方的肩膀說：「大哥，你的錢多到沒處花嗎？把 50 萬丟到這裡只為露一下臉，虧大了。還不如贊助我開個小餐館呢！那樣你還能免費去吃飯，多實惠！再說你若想露臉，可以去當觀眾，我讓攝影機給你鏡頭，這樣免費就可以露臉了啊？」

這個企業家一聽，也不好再多說什麼。

可見，對於不合理的要求，可以拒此應彼。也就是說，在拒絕對方要求的同時，盡量滿足對方另一方面的合理要求以作為補償，使對方的遺憾和失望之情得以緩解。

讓對方做決定

身在職場，許多下屬很難拒絕上司的要求或指令。比如，當上司把大量工作交給你，使你不勝負荷時，你可以主動請求上司幫你定出先後次序。例如，你對上司說：「我現

在有 2 個大型項目，5 個小項目，我應該先處理哪個比較好呢？」明智的上司自然會懂得你的言外之意，不再強迫你。

▍肯定對方的能力

當同事因為無關緊要的工作，想請你伸出援助之手時，有人會直接回答「不行，不行，我沒有時間。」或「我能力不夠，你另尋他人吧！」理由雖然不錯，但如果連續用 2、3 次，也不太好。

這時，你可以打趣地說：「其實這件事很簡單，你一定可以應對自如的，被我的意見左右，反而不妙。」你如此肯定他的能力，大概他也不好再說什麼。

▍拒絕玩伴

有時，你想休息時，愛打撞球的朋友卻來找你。這時，你可以自嘲說：「我們都是好朋友了，說出來不怕你們笑我，我學了幾年，可是一直都打得不好，肯定會掃你們的興。為了不影響你們的興致，我還是不去比較好。」

另外，一定要注意拒絕的態度和拒絕的時間。倘若對方是個胸襟開闊的人，那就及早說明原因。倘若對方毫無準備，遭受出其不意的拒絕後可能會因此煩惱、痛苦，這時要以商量、研究當藉口，用拖延和旁敲側擊的方式，讓對方意識到被拒絕的可能性。如果對方是你的上級或長輩，就要主

動登門說明原因，委婉拒絕。如果對方是你的下屬或晚輩，無論對方提出的要求合理與否，都不宜當眾恥笑、訓斥，應耐心解釋或暗示拒絕的原因。

倘若是合理的要求，即便自己一時不能解決，也要給予對方希望、鼓勵，讓對方耐心等待時機。這樣會讓對方感受到，雖然要求未能滿足，但還是有希望的。得到你的鼓勵，對方對你的好感也會加深。

總之，在拒絕別人時，無論採取哪種方式，都需要態度溫和，盡量從他人的角度來看待事情，不能認為對方是故意找麻煩，拒絕的語氣也要很委婉。拒絕他人後，最好隔一段時間詢問一下對方事情是否已經妥善解決。這樣，會讓對方感覺你是一個誠懇的人，的確是你力所不能及，而非故意不幫忙。

暗示，讓多嘴者識相退讓

人與人之間，有種特殊的相互影響方式 —— 暗示，即說話者出於自己的目的，採取隱晦、含蓄的語言，巧妙地向對方發出某種資訊，使其不自覺地接受一定的意見、資訊或改變自己的行為。那麼，什麼時候使用這種語言表達方式呢？

比如，當茶餘飯後，想靜下心來休息一下，沒想到一位多嘴者不請自來，東家長西家短，嘮嘮叨叨，沒完沒了，弄得你心煩意亂。你勉強敷衍，心不在焉，焦急萬分，想下逐

客令卻難以啟齒。此時怎麼辦？可以運用暗示的語言技巧，既不挫傷他的自尊心，又能使其識相而退。一般來說，這種方法比較容易被接受。

以藉口暗示

比如：「最近我老婆身體不適，吃晚餐後就要休息。我們是否說小聲一點？」

此話雖然用的是商量口氣，但傳遞的資訊十分明確：你的高談闊論有礙女主人的休息，還是請對方少說為妙。

以寫代說

有些多嘴者可能比較遲鈍，雖然主人屢次暗示，但他們卻「執迷不悟」。此時，對這些人可以用張貼字樣的方法，表達自己的意思。

比如，在門上或牆壁正中央貼上「我家孩子即將要考試，請勿大聲喧嘩」之類的字樣。當多嘴者看到這些後，會自覺地停步。因為這些不是透過自己的嘴直接說出來的，且也不是針對某一位來客，因而不會使來客有太多的難堪。

當然，在多嘴者識相地告辭時，主人可致意：「真抱歉。讓你意猶未盡實在感到對不起。等孩子考試獲得好成績，一定不會忘記你的支持。那時我們再好好聊。」這麼說對方也就沒有什麼怨言了。

急中生智

小雲是某公司的會計，每逢月底，總是她最忙的時候。可是，恰好家裡來了一位客人，坐在客廳裡一直聊，過了很久都沒有離去的意思。

小雲還要核對帳目，有點心不在焉，急得坐立難安。她突然看到窗外公園的櫻花，心生一計說：「外面櫻花開得正旺，公園裡空氣也好，我們去看看吧？」客人於是欣然而起，到公園裡觀賞櫻花。看完後，小雲趁機說：「要回去坐坐嗎？」

這時，客人看看天色，恍然大悟，連忙說道：「不了不了，我該回家了，不然會錯過末班車的。」

巧接對方的話題

有一個例子：晚餐後，幾個年輕人去拜訪某教授。他們精力充沛，聊天的興致很高，完全不顧教授是否疲憊。已經夜深了，這些人還沒有離去的意思，教授隔天要參加會議，無法一直陪著。因此，當一個年輕人提到建設和諧社區的話題時，教授巧妙地接話：「你提的這個問題非常有研究價值，明天我要去一個大型社區參加學術會，正好可以就這個問題找幾位專家一起探討一下。」

年輕人們一聽，立刻起身告辭：「抱歉，不知您明天還得出差，耽誤您休息了。」

▎無意中插話

比如，無意中問對方是否很忙？然後再跟他說你最近很忙。一般情況下，稍微敏感的客人，聽完此話，肯定會起身告辭。

▌以迂為直，給他人一個臺階

有 2 位推銷窗簾的銷售員，一前一後來拜訪某酒店經理。當第一位銷售員看到客戶安裝的是另一家廠商的窗簾，並得知了價格後，驚呼道：「什麼？這太過分了！您這麼聰明的人居然還會吃虧上當？」

客戶聽了，臉一下子垮了下來，雖然銷售員說的是實話，可是這等於在貶低自己的能力啊！因此，客戶開始為自己辯護，他說：「好貨總有好貨的價格，您不能以便宜的價格買到高品質的東西。」結果，兩人弄得不歡而散。

不久，另一位推銷員又來到客戶的辦公室。他說：「我看到您們酒店安裝的窗簾了，真是不可多得的藝術品啊！」這位銷售員不斷地讚揚那些窗簾，且說要是他負擔得起的話，也希望在家裡安裝這樣的窗簾。

此時，倒是客戶有點不好意思了。他說：「說實話，這些窗簾確實美觀，但是價錢太貴，超出我們的預算了。我有點後悔裝了這些窗簾。」這時，第 2 位銷售員拿出自己的樣

品說：「如果您以後需要的話，可以參考一下我們的花色和價格。」客戶沒有多做考慮就接過去了。

結果，第 2 位銷售員不久就接到客戶的電話，他們其他地方有新建的酒店，需要安裝該廠的窗簾。

心理學研究表示：誰都不願把自己的錯，在他人面前「曝光」，一旦被人曝光，就會感到難堪。在上面的案例中，儘管第 2 位推銷員讚揚競爭對手的產品也許是言不由衷，但是他為客戶找到承認自己錯誤的臺階，最終達成雙方合作的目的。

臺鐵優秀售票員王先生，也非常懂得給他人臺階。

有一次，一位乘客要下車，卻忘了出示月票。看到這種情形，其他乘客有的指責，有的嘲笑，認為他是故意的。可是，王先生沒有指責他，而是溫和地問道：「您是不是把月票忘在家裡了？」聽他這麼一說，那男子頓時如釋重負，立刻說：「對，對，我補票。」他幫那男子補了票，又語重心長地說：「您下次要多注意啊！」那男子連連回答：「一定會！一定會注意！」話語裡充滿了感激與內疚之情。

有時候，就算是他人做錯了，也不必讓他下不了臺，要給他一個改正的機會。

三國時期，華歆在孫權手下，他的名聲很大。曹操知道後，便請皇帝下詔召華歆進京。在華歆起程時，曾經與他

共事過的親朋好友都來為他送行，且贈送他幾百兩黃金和禮物。

華歆不想接受這些禮物。但是，如果堅持不收，肯定會讓朋友們掃興，於是他來者不拒，將禮物統統收下來。

酒宴即將結束的時候，華歆站起來對朋友們說：「諸位的深情厚誼我心領了。我有心帶走，但是，此去山高路遠，這麼多貴重之物在身，是否有點危險呢？」

朋友們聽出了華歆的意思，知道他不想收受禮物，又不好明說，便各自取回了自己的東西。

可見，如果能夠設身處地為對方考慮，迂迴曲折地表達你的意思，就能既保全對方面子，又讓對方在比較舒適的氛圍中領悟你的本意，實屬上策。

模糊回答，遠離漩渦

在處世中，模糊回答是一種明哲保身的方法。雖然交友時，人們欣賞為人正直、疾惡如仇、心直口快的人，但他們有時很容易給自己惹麻煩，因為「剛者易折」。有些人即使「患病在身」，也喜歡「甜藥和順言」。因此，正直的人有時也需要「裝糊塗」。

在《楊八姐遊春》中，宋朝皇帝仁宗出朝遊春，被八姐的美貌所迷倒，回朝定要娶八姐入宮。佘太君看過聖旨，有

心不許楊八姐嫁，可是，誰敢膽大抗君。於是，她模糊應對，要出了那份不聽不知道、一聽嚇一跳的禮單。

她要：東至東海紅芍藥，南至南海牡丹根，西至西海靈芝草，北至北海老人參。這還不夠，她還要更刁鑽的：一兩星星二兩月，三兩清風四兩雲，五兩火苗六兩氣，七兩炭煙八兩琴音。雪花晒乾要二斗，冰琉子燒灰要二斤，井裡塌灰要二斗半，人參汗毛要七斤。雄雞生的雞蛋要八個，摟粗牛毛要三根，蒼蠅心來蚊子膽，兔子犄角蛤蟆鱗。

這些不能量測的無形物，卻偏要你用秤量測出來，且把彩禮想像到天地山河之大。泰山大的一塊玉，河長的一錠金；天那麼大的梳頭鏡，地那麼大的洗臉盆。

好了，即使這些不可能辦到的，真的全辦到了，仍舊不行。還有一個最後的條件，就是得等到一定歲數、等到一定時間才能成親。

我女兒在家算過命，88歲動大婚；泰山不倒女兒不出嫁，黃河不乾女兒不成親。

佘太君用這些明顯裝糊塗的語言，故意為難對方，結果皇上當然沒有娶到楊八姐了。

由此看來，在某些特殊場合，當遇到不便直接回答，但又不能不答，一時無法回答，但又必須回答的問題時，就需要「裝糊塗」。

第 4 章　委婉含蓄，避免衝突與尷尬

　　小麗是個單純的女孩，她在一家大型集團工作。可是，剛到公司，她就耳聞、目睹了公司裡的一些派別爭鬥。為了保全自己，她為自己定下「多聽少說」的「處世哲學」。

　　某天，同事神祕兮兮地對她說：「小麗，我總覺得我們科長有點『那個』。妳來幾 10 天了吧！妳對他的印象如何？」小麗沉思片刻回答：「我只是對他印象滿深刻的。」同事聽了這話，拍拍小麗的肩膀說：「沒想到妳年紀輕輕，還滿成熟的。」

　　在這裡，小麗就運用了「模糊語言模糊答」的特殊策略，讓自己置身事外。

　　另外，在一些新聞場合，也可以用這種模糊應對的方式。

　　我們知道，身為新聞發言人或公眾人物，接受記者的採訪是很常見的。有些記者不但會提出一些讓人為難、尷尬，甚至十分荒唐的問題，而且還特別善於故意曲解被採訪者的本意。因此，面對記者們刁鑽的問題，若正面坦率的回答不適宜時，不妨模糊回答。

　　在涉及國家主權等敏感的外交語言中，更需要講究委婉、含蓄、模糊。因為模糊語言多義性的特點，恰好符合外交語言的要求。為此，外交家們常常用其回答敏感性問題以及緩和交際氣氛。

模糊回答，遠離漩渦

　　二次世界大戰期間，邱吉爾力主與蘇聯聯合共同抵抗德國。當記者問他為什麼替史達林說好話時，他說：「假如希特勒侵犯地獄，我也會在下院為閻王講好話的。」邱吉爾沒有正面回答自己對蘇聯的態度，而是借比喻表明聯合蘇聯、抗擊法西斯的必要性，這種模糊語言，無疑是高明的回答。

　　總之，「糊塗」與「明白」是一對冤家，如影隨形，又常常互相換位。如果你能在適當的場合，裝裝糊塗，模糊應對，也許就能讓你遠離可能會吞噬你的漩渦。

第 4 章　委婉含蓄，避免衝突與尷尬

第 5 章
幽默，「笑果」好極了

第 5 章　幽默，「笑果」好極了

　　口才再好，若是沒有幽默感，就好比一個園林裡樓亭閣榭，有山有水，有草有木，就是沒有花。沒有花的園林，布局再合理，也少了點靈氣與生動；沒有幽默的口才，說話再雄辯，也一樣少了點靈氣與生動。

　　美國政治家查爾斯‧愛迪生（發明家愛迪生之子）在競選州長時，不想利用父親的聲譽來抬高自己。他在自我介紹時這樣說：「我不想讓人認為我是在利用愛迪生的名望。我寧願讓你們知道，我只不過是我父親早期實驗的結果之一。」臺下聽眾個個莞爾一笑，頓時對查爾斯充滿了好感。

　　在人與人的交流溝通中，互動的齒輪有時會出現乾澀。這時，幽默是最理想的潤滑劑，它能使僵滯的人際關係活躍起來。此外，幽默還是緩衝裝置，可使一觸即發的緊張局勢頃刻間化為祥和；幽默又是一根包裹了棉花團的針，帶著溫柔的嘲諷，卻不傷人。

　　因此，幽默不單單「有笑」，具體到解決實際問題時也「有效」，真是「笑果」好極了！

幽默的口才最受歡迎

　　相比其他的語言表達形式，幽默是最受人歡迎的一種口才。幽默是機敏詼諧，充滿無窮趣味，即便尖銳刺痛，甚至一針見血，也不是破口大罵，仍藏鋒芒於微笑之中，使人們

在輕鬆活潑的氣氛中，有所醒悟。另外，具有幽默口才的人，常常在逗笑別人的同時，也能逗笑自己，悅人悅己。人們之所以喜愛相聲、小品、笑話等藝術，就是因為它們具有幽默的特點。

同樣的事情、同樣的話語，若讓幽默的人說出來，就會令人捧腹大笑，而且在笑的同時，還會接受他們的建議。

請看下面這個故事：

在一家世界風景區的餐廳啤酒杯裡，發現了蒼蠅。當然，客人會很不滿。於是，同來的幾位不同國籍的旅遊者，一同對這個現象進行批評。可是，給服務生的感受卻不同。

以精細著稱的日本人，要侍者把經理叫來，訓斥道：「你們就是這樣做生意的嗎？」經理雖然吩咐侍者另換一杯，但在心中對日本人留下了「愛說教」的看法。

而英國人以紳士的態度，文質彬彬地吩咐侍者：「請換一杯啤酒來！」

法國人呢？一句話也不說，將這杯啤酒潑灑出去。夠瀟灑。

西班牙人呢！不但不喝它，還會留下鈔票轉身就走。這種方式經理當然很滿意，可是以後也許還會出現這種情況。

沙烏地阿拉伯人，則以其人之道，還治其人之身，他們把侍者叫來說：「我請你喝……」。

　　而美國人呢？他們向侍者微笑著說：「以後請把啤酒和蒼蠅分別放置，可由喜歡蒼蠅的客人，自行把蒼蠅放在啤酒裡，你覺得怎麼樣？」

　　上面幾位客人的做法，顯然是美國人的說法絕妙有趣，居然能把讓人生氣的事，說得令人發笑，而且，還巧妙地教育了侍者。連侍者也會因為他幽默的語言而喜愛他。比起那些一本正經的批評，他會很愉快地接受這種幽默批評的。這就是幽默口才的獨特功能。

　　由此可見，幽默的口才能化解困境，使人感到舒適、輕鬆。在一番幽默風趣的話語之後，又往往可以讓聽者悟出一些道理。

　　當然，人們之所以喜愛幽默的語言表達方式，還因為它通俗易懂。

　　有位教師講到文學的階級性，他舉了一個例子：商人、秀才、地主和佃農 4 個人同在一個廟宇裡避雪。面對紛紛揚揚的大雪，商人很欣賞地吟道：「大雪紛紛墜地」；秀才從來不忘皇恩浩蕩，接著吟：「這是皇家瑞氣」；地主穿著狐裘大衣滿不在乎：「再下 3 年何妨」；佃農一聽，氣壞了，心想：再下雪我吃什麼？就脫口而出：「放你媽個狗屁。」

　　教師幽默講解，既把課講得透澈，又引起學生的學習興趣。

　　可見，幽默對語言的表達多麼重要。日本心理學家多湖輝曾把幽默稱為「語言的酵母」，而英國作家哈茲里特更形象地把幽默比為「說話的調味品」。而那些優秀的演講者都認為，有吸引力的演講內容，要加上恰到好處的幽默，才能創造成功的演講。

　　如果你在眾多熟人或陌生人面前講話，感到緊張不安，就要學會以幽默擺脫不安。只要有詼諧的開頭，一定可以調節現場氣氛。在這種輕鬆的氛圍中，你就不會再緊張不安了。而且，有趣的開場白會在你和聽眾之間，建立起成功的連結紐帶。

　　總之，不論是口才高手，或是口才普通的人，如果能在自己的語言中添加幽默的調味料，你的語言都會充滿情趣，令人喜愛。

幽默是生活中的開心果

　　在生活中，幽默是不可或缺的，幽默是生活中的開心果。蕭伯納曾高度評價幽默的功用，他說：「沒有幽默感的語言是篇公文，沒有幽默感的人是尊雕像，沒有幽默感的家庭是間旅館，而沒有幽默感的社會是不可想像的。」

　　倘若生活中多一點幽默，我們就會覺得原來生活充滿樂趣，我們會因此更加熱愛生活。

第5章　幽默，「笑果」好極了

　　一個外國女孩嫁到中國，在早餐時，婆婆對不會吃油條的外國媳婦指點說：「妳蘸著吃。」

　　女孩馬上站起來，但婆婆又說了一句。「妳蘸著吃！」女孩一頭霧水，委屈地說：「您要我站著吃，我已經站起來了，還要站到哪裡去？」

　　可見，生活中幽默真是無處不在。如果你是個生性樂觀幽默的人，什麼事你都能發現其幽默的一面，相信笑料時刻總會出現在你身邊。

　　看看這些網路上的笑話，你會發現，生活原來充滿了樂趣。

　　場景一：某天晚上，節目組開全組大會。突然，停電了。這個會議很重要，怎麼辦？於是買了一大捆蠟燭點燃繼續開會。開到一半，主編好像想起什麼，就問了一句：「今天有誰生日嗎？」小敢一聽，立刻舉手：「主編，我生日，我今天生日。」主編說：「好，等一下我們開完會，你負責把所有蠟燭吹熄！」

　　場景二：有一場吻戲，導演正對臨時演員說：「待會有場吻戲，你演不演？」那位臨時演員非常高興：「演演演，一定演！」導演一回頭：「場記，把狗牽過來吧！」

　　場景三：自從孫悟空3打白骨精後，被唐僧遣送回去。話說某天，唐僧在西行的路上又碰到了妖怪，面對2個無能

的徒弟，唐僧痛心疾首，這才想起被他趕走的大徒弟孫悟空，他對著天空喊道：「悟空，快來救為師啊！」[回音：啊啊啊啊……]

1/4 炷香之後，傳來這樣一個聲音：[語音回音] 您呼叫的使用者不在服務區，嘟嘟嘟嘟……。

在婚姻生活中，幽默的語言則是夫妻之間一種特殊的情感交流方式。在家庭生活中，如果雙方都充滿幽默感，就可以調劑單調的生活，雙方就會少一些摩擦，多一些和諧和快樂，就會讓生活幸福、夫妻關係良好。

一次，展覽館舉辦書畫展，一對年輕的夫妻一起去看畫展。剛踏進展廳，只見展廳中央圍著一大群男人在談論著什麼。於是，丈夫也擠了進去。

原來是一幅人體藝術畫，一位裸體美女，下身只用一片樹葉遮蓋著，畫得非常逼真。

妻子用眼睛掃了一下丈夫，發現他正目不轉睛地欣賞這幅畫。

當著這麼多人的面，當然無法教訓丈夫的「好色」。於是，妻子湊了過去，用手肘輕輕碰了一下正聚精會神欣賞的丈夫說：「別看了，那片葉子到秋天才會落下來呢！」

雖然話語很輕，但是周圍的人都聽到了，引起一片會心的笑聲。丈夫臉一紅，看了眼妻子，拉著她不好意思地走了

第5章　幽默，「笑果」好極了

出去。

　　一位文字工作者丈夫經常忙於工作，很少顧家，妻子不滿地對他說：「我看以後我還是變成一本書吧！」

　　丈夫不解地問：「為什麼？」

　　妻子說：「這樣你就不會忽略我了，而且還會時時刻刻將我捧在手心裡啊！」

　　丈夫一聽，知道妻子是嫌自己冷落她了，故意鄭重其事地說：「那可不行。我幾天就能看完一本書，老婆可不是幾天就能換一個的啊！」說完，丈夫又故作沉思狀：「我看，妳還是當大字典吧！」

　　「為什麼？」妻子連忙問。

　　「我可以百看不厭啊！」

　　聽到丈夫的話，妻子的臉上笑開了花，之前的抱怨早就拋到九霄雲外去了。

　　妻子用幽默的方式向丈夫傳達不滿之情，而丈夫又用幽默的方式化解妻子的不滿，2人的感情更深了。

　　幽默的人總會為家庭生活增添許多樂趣。即便在夫妻雙方吵架後，也能運用幽默的語言產生出奇的效果。

　　在一次外出途中，一對夫妻吵了一架，他們誰都不願意先開口說話。最後，實在無法忍受的丈夫指著遠處農莊中的一頭驢說：

「妳老是緊閉著嘴巴，難道和牠有親屬關係嗎？」

機智的妻子隨口答道：「有的，夫妻關係。」

丈夫沒想到妻子會這樣說，噗哧一聲笑了。很快，他們又和好如初了。

幽默的確是生活中的潤滑劑，可以減少摩擦和矛盾，讓生活中多一些陽光和歡笑，少一些抱怨和爭執。因此，都來當這樣的「開心果」吧！不妨在緊張的勞動之餘，讓幽默充當精神上的「按摩師」，這樣，生活會更富於樂趣。

言語幽默，人緣不錯

不論在日常生活還是在工作中，人人都喜歡和機智風趣、談吐幽默的人交往，而不太願意與鬱鬱寡歡、言語乏味的人來往。因為幽默的人，他們的語言妙趣橫生，像一塊磁鐵般吸引著大家。而且，那些幽默的人通常很豁達，能夠包容別人，不會斤斤計較，也不會睚眥必報，容易讓人留下良好的印象。

生活中，如果言語幽默，總會為自己贏得好人緣。有時，儘管這些人也有缺點，人們還是可以包容他們。而良好、融洽的人際氛圍，非常有助於事業的成功。

幽默不僅可以讓你受到眾人喜愛，在某些時候，還可以幫助你度過危機、化險為夷。因此，在職場中，你不妨適時

第5章　幽默，「笑果」好極了

運用幽默與人交往。一來，可讓同事與上司都覺得你幽默風趣、平易近人；二來也可以讓上司特別注意你，讓你在他的腦海裡留下好印象。

有一次，某公司的老闆因遲到人數漸多欲懲罰職員。此時，負責行政的主管若站在員工的立場考慮，直接和老闆頂撞，肯定會引起不快。於是，這位行政主管向老闆說：「初級職員簡直無法到公司辦公！搭計程車吧！嫌車資太貴；搭公車吧！又苦於不易擠上。唉！誰叫他們命運太差，生在這個時候！誰叫他們不去想發財的門路，來做這麼苦的職業！他們搭不起計程車、公車，都是活該。因此，還是發一份公告，請他們光腳上班吧！既省車資，又不用破費買鞋襪。」

行政主管一邊說，一邊笑，說得老闆也笑起來。他反思這些話，覺得自己的做法也有點過分，於是放棄了懲罰員工的決定。

本來，員工認為行政主管此時會站在老闆的立場說話，沒想到主管居然用這種方式支援他們，大家都很感動。老闆看到員工皆大歡喜，對主管也加深了好感。

可見，無論在日常生活，還是在職場中，幽默都非常有助於建立良好的關係，讓你擁有好人緣，贏得更多成功的機會。

自我解嘲，化解尷尬

　　一個具有幽默感的人，他的魅力不僅在談吐風趣，還在他具有靈活的應變能力，特別是在自己不慎「出洋相」，或遭到他人捉弄而尷尬時，能發揮機智，自嘲一下，為自己「救場」。

　　成功的自嘲不是油滑膚淺的耍嘴皮子，而是觸景即發、即興而成、出口成趣的精言妙語，能讓人們在舒心一笑中，輕鬆無比。

拿自己的特點開玩笑

　　多數情況下，人們對自己的某種缺點或缺陷都會有意地掩蓋。可是，有的人不但會自己主動說出來，且會拿來開玩笑。他們那種樂觀、積極的心態，那種大度和豁達，也會為他們增添魅力。

　　古代，有個石學士，某日剛從飯館裡出來，準備騎驢上路，不慎摔倒在地，引來周圍人一團哄笑，但這位石學士不慌不忙地站起來說：「虧我是石學士，要是瓦的，這次一定被摔成碎片了！」一句妙語，說得在場的人哈哈大笑，當然這石學士也在笑聲中去除了難堪。

　　一般人遇到這種情況，可能會感覺很不自在，如果自己的尷尬引發別人的注意，會進一步加深自己的尷尬。其實，

107

第 5 章　幽默，「笑果」好極了

對付這種尷尬局面的最好方法，就是自我救場。

在耶誕節期間，某外資公司舉行聯歡會，大家都興高采烈。此時，一位員工模仿雜耍藝人捧著一隻大火雞走進來。可是，他打開門後，不小心被門撞到，火雞「啪」的一聲掉在地上。頓時，所有人面面相覷。

這時，這位員工俐落地撿起火雞，對大家說：「看來這傢伙不老實。我現在就把牠放回廚房，換隻乖一點的來。」頓時，尷尬的局面被笑聲打破了。

▍以工作特點比喻自己

自嘲之所以有特別的魅力，是因為自嘲不會傷害到誰，既安全，又可以彰顯自己的豁達。

某次，張大千從上海欲返往四川。行前好友設宴為他餞行，並特邀梅蘭芳等人作陪。宴會開始，大家請張大千坐首座。張說：「梅先生是君子，應坐首座，我是小人，應陪末座。」梅蘭芳和眾人都不解其意。張大千解釋說：「不是有句話『君子動口，小人動手』嗎？梅先生唱戲是動口，我作畫是動手，我理該請梅先生坐首座。」滿堂來賓為之大笑，並請他倆並排坐首座。

張大千自嘲為小人，是表現自己的謙虛，也和自己的工作特點相連結，比喻巧妙之極。

▌坦然對付「揭短」

「揭短」就是揭示他人的短處。那些敢在你面前「揭短」的人，大都是你的朋友、親戚和熟人，只是開開你的玩笑，並不是存心要傷害你。因此，當你面對這樣的「揭短」，最好不要反唇相譏。如果一時找不到恰當的解嘲方式和回敬語言，那就暫時把「揭短」擱置一旁。

在某電視臺主持人中，小李一直被人們歸為「另類」，他長髮、長臉、大嘴、小眼、腿不直，油腔滑調，但就是這麼一副形象，卻深得觀眾的喜愛，其中他的自嘲讓他擁有一種別樣的魅力。小李從不避諱自己的缺陷。既然這樣的特徵掩蓋不了，與其躲躲閃閃、羞於面對，還不如大大方方地承認。

一次，有記者笑著問：「你的臉到底多長，量過嗎？」小李聽了一臉壞笑道：「今天早上的汗現在剛流到下巴！」記者又問他：「有沒有想過換一個髮型？」小李聽了再次打趣自己道：「想過呀！但頭髮又少又軟，怎麼蓋得過這長臉？」

當然，有時默認對方的「揭短」會覺得心裡不舒服，此時，可以運用機智的語言淡化尷尬。

比如，一位愛好寫作的人在報紙上發表了一篇作品，很得意，在朋友面前炫耀時，妻子卻揭他的短：「你別聽他瞎

扯。那篇報紙上的作品，只是一篇豆腐塊般大的小文章。」

面對這種情況，他接著妻子的話說：「小文章怎麼了？作家的大作品中不也有小文章嗎？不信你問曹雪芹。」

假裝不懂

生活中會遇到這樣的事，有些人故意設置令你尷尬的場景，此時，可以用假裝聽不懂的幽默方式來表達，這樣既可避免自己的尷尬，又顯示出你的寬宏大度。此時，對方被你的人格魅力所感，也會有積極的反應。那樣比直接教訓、駁斥更有效。

美國前總統雷根在任職期間曾經訪問義大利，他訪問的過程中發表了許多演說。可是，多次演說都被反美示威的遊行人群打斷了。而雷根卻不在乎地對義大利總統說：「在美國也經常發生這樣的事情。這些人一定是特地從美國來到貴國的。他們可能是想讓我感受到一種賓至如歸的感覺吧！」

雷根的一句幽默話，使義大利總統頓時眉開眼笑。

打岔轉移

每個人都希望在社交中從容不迫、灑脫大度，但是在現實生活中，我們經常會遇到一些尷尬的場面。和人交談時因為彼此不太熟悉，容易說錯話，說了讓人忌諱的話，或誤解他人的意思，自己不自在，別人也不自然。此時，不妨把話

題岔開，自我圓場，化解困窘。對方通常也能心領神會。

　　某日，幾位大學畢業的同學一起去看望中學時的班導師。因為他們現在工作很忙，和班導師見面次數不多，又相隔了5、6年，班導師對他們的情況也不了解，只是熱情地問候著。

　　當班導師見到一位27、28歲的女生時，高興地問了這樣的問題：「妳變得比過去更漂亮了，妳老公一定也長得很帥吧？」

　　「老師，還沒人看上我呢！」女生笑著回答。

　　「噢，這麼說，妳老公還沒娶妳！」老師馬上微笑著為自己的話打圓場。

　　兩人的話，把在場的人都逗笑了。

　　總之，適時適度的自嘲，是一種良好的修養，是一種充滿魅力的交際技巧。自嘲，能製造寬鬆和諧的交談氣氛，讓人感受到你的可愛和人情味，有時也能維護他人的面子，建立起新的心理平衡。

談吐幽默，化解怒氣

　　人是群居動物，免不了要與人打交道，而語言便是交往的橋梁。如果在交談時，不小心把氣氛搞得很緊張，就要用心發現其中所包含的幽默成分，調和談話氣氛，建立和諧的人際關係。

第 5 章　幽默，「笑果」好極了

　　幽默可以溝通感情，融洽氣氛；還可以調節矛盾，化解怒氣。幽默好比溫潤的細雨、融融的春光，它能把人與人之間的氣氛變得愉快、祥和，甚至使劍拔弩張的雙方相視一笑，握手言和。

　　其實，當談話雙方有了隔閡，產生誤會時，用一句帶有幽默的話，往往便可消除雙方的對抗心理，使緊張的關係變得融洽、和諧。因此，我們要學會用幽默為緊張的生活增添一些快樂，這樣還可擺脫許多不必要的麻煩。

　　在一家百貨公司裡，一位女顧客正在對銷售人員大發雷霆。她指著銷售員的鼻子說：「我從沒見過像妳這樣對待顧客的，因為妳根本不是一個合格的銷售人員。幸好我沒有指望在妳這裡找到優質的服務。我看妳還是改行吧！」

　　銷售員氣憤地說：「沒有像妳這麼挑剔的顧客，我這樣服務，沒有其他人提出批評過，妳根本故意找麻煩。既然不想買東西，就不要耽誤我的時間。」

　　旁邊一位大哥把這個過程全看在眼裡，他走到櫃檯前，客氣地對銷售員說：「小姐，這裡賣『吵架』嗎？」

　　銷售員一聽便笑了。那位女顧客對大哥說：「對不起，打擾您買東西了。」說罷，轉身離開了。

　　聰明人往往不會使自己陷入與別人爭吵的漩渦中。他們能以機智而充滿善意的言語打破僵局，在愉己悅人的同時，

化解他人的怒氣。因此，可以說，幽默也展現了一個人良好的品質和社交能力。

嬉笑怒罵，揮灑自如

魯迅先生有句名言：「嬉笑怒罵皆成文章。」幽默也是如此，方式多，亦莊亦諧，可以根據所處情況，不拘題材形式，任意發揮。特別是面對那些不懷好意者的攻擊，可以毫不留情地反駁，捍衛自己的尊嚴。

一位作家剛發表一篇小說，獲得讚譽之聲。可是，某讀者卻不以為然地說：「這本書還不錯，只是，我想知道，是誰替你寫的？」作家回答說：「哦，謝謝你的稱讚，不過，我也有個問題，是誰替你把它讀完的？」

提問題的人可謂尖酸刻薄，明顯是想讓作家猝不及防，無法下臺，作家的回答同樣是針鋒相對，恰當地批評了這位亂發意見的讀者。

生活中，總有一些人想故意讓他人難堪，他們自以為自己最聰明，看不起他人，因此處處要展示自己高人一等。對他們，你可以運用幽默口才，嬉笑怒罵。

在第二次世界大戰期間，希特勒曾經到一個精神病院視察。當時，希特勒問那些病人是否知道他是誰，結果病人們都搖搖頭。希特勒是何等耀武揚威的人物，居然有人不知

道。他生氣了，大聲吼叫：「我就是你們最偉大的領袖 ──
希特勒。我的力量能與上帝相比！」

可是病人們聽後並沒有理睬他，神情不是冷漠，就是茫
然。正當希特勒感到萬分難堪時，有位病人拍了拍他的肩
膀。希特勒以為遇到知音，只聽這位精神病說道：「唉！
真是沒想到啊！我們剛開始得病的時候，也就是你這個樣
子。」

不可一世的希特勒聽了這句話，頓時氣得說不出話來。
可是，他怎麼能和一個精神病人計較呢？如果計較了，希特
勒自己不也成了瘋子嗎？

這就是嬉笑怒罵的威力。在別有用心的挑釁前，看起來
似乎是信手拈來的一句話，卻總能以其清晰的思維、準確無
誤的語言，一語中的，即便那些不可一世的人也會被擊中。

某天，一位衣衫破舊的人去飯店吃飯。可是，當他走進
飯店大門後，既沒有人出來迎接他，更沒有人招待他。因為
服務人員在忙著招待那些西裝革履的人們。

第 2 天，這個人把最好的衣服穿上後，又來到這家飯
店。不一會兒，他點的菜就端上來了，服務人員客氣地對他
說：「先生請慢用。」

此時，只見客人敏捷地脫下外衣，並將其放在桌子上
說：「衣服吃飯了。」

服務生好奇地問：「先生，您這是什麼意思？」

「你們這裡的酒和菜，不是為衣服準備的嗎？我在招待我的外衣吃東西。」

服務生一聽，頓時臉漲得通紅，連忙向客人道歉。

這位客人的語氣明明是嬉笑，實際是怒罵，用反筆寫正文，收到很好的效果。可是，如果他教訓服務生以貌取人，恐怕就不會得到這樣的效果了。因此，幽默口才的運用也要根據實際情況，以適當的方式和力度，做到收放自如。特別是用幽默去諷刺挖苦他人時，要做到刻而不留痕，薄而不危人，尖銳而不戳破。

美國著名作家馬克‧吐溫在一次回答記者問題時說漏了嘴：「美國國會有些議員是狗娘子養的！」第 2 天，此話被刊登在一家報紙上，引來華盛頓眾議員紛紛譴責，勒令他立即登報道歉，否則，將會受到法律的制裁。幾天後，馬克‧吐溫的道歉文赫然醒目地被刊登在《紐約時報》上：「日前，鄙人在酒席上發言，說國會中有些議員是狗娘子養的。事後有人向我興師問罪，我考慮再三，覺得此話不妥當，且也不符合事實，故特此登報聲明，把我的原話修改一下：『美國國會中有些議員不是狗娘子養的。』」

華盛頓議員們讀罷此文，個個氣得七竅生煙，恨不得一口吃掉他，但卻只能沉默。馬克‧吐溫利用巧變文字的手

第5章　幽默，「笑果」好極了

法，校正自己發散性思維的「失誤」，不但為自己找到解脫方法，還進一步攻擊了對方，真是一舉兩得。

在中國古代，大學士紀曉嵐就是這樣一個收放自如的幽默高手。某次他為一個朋友的老母親祝壽，當席吟祝壽詩一首，劈頭第一句就說：「這個老娘不是人」，賓客們都嚇了一大跳，紀曉嵐卻不慌不忙，又念：「九天仙女下凡塵」，大家鬆了一口氣，鼓掌叫好。紀曉嵐又念下去：「生個兒子卻做賊」，宴會主人臉上勃然變色，賓客咋舌，不敢言語，哪知紀曉嵐又從容地說：「偷得蟠桃獻娘親」，眾人開顏，歡笑舉杯。

嬉笑怒罵不是心胸狹隘的嘲笑或譏諷，也不同於粗俗的鬧劇，它是一種揮灑自如的幽默口才，蘊含的是智慧性、趣味性、知識性。只是對這種幽默方式的使用，要掌握好場合和分寸，無論如何幽默消遣，也應給人留臺階，心存厚道。對那些尖酸刻薄的話語不要謔而至虐，要謔而不虐，才是善謔。

▎機智風趣，快樂無限

關於幽默，林語堂先生的解釋是「亦莊亦諧」，即語言莊重卻透露出雅趣風範，雅趣中又蘊含著莊重大方；倘若只有莊重則失之雅趣，未免索然無味；如果只有雅趣，未免流於凡俗。

對節目主持人來說，節目之所以受觀眾歡迎，首先是因為主持人本人受觀眾喜愛。特別是一些面對普通百姓的節目，幽默更是不可或缺。他們的幽默不是單純的搞笑，展現的是一種機智，一種不露痕跡的揮灑自如。

我們知道，身為主持人，被觀眾「拆臺」的情況是很常見的。這個時候，更是考驗主持人智商和情商的時候，既要讓自己巧妙下臺，又要注意不能把氣氛弄僵，此時，就更需要幽默處理。

主持人老畢口音不太標準，也不英俊瀟灑，年紀滿大了。可是，他在節目中總能讓觀眾「樂不可支」，不論是順藤摸瓜，自賣自誇，還是見縫插針，毫不刻意，都能營造幽默的效果。他聲稱自己的幽默沒有祕訣，只是實話實說。可是他既沒有大張旗鼓地渲染烘托，也沒有聲嘶力竭地搞怪動作，就能達到不造作、不做作、渾然天成的幽默境界。

在他擔任某主持人大賽的主持人時，出現了一個小插曲。一名選手被淘汰出局，她忍著不讓自己的眼淚流出來。這時老畢告訴她，不要忍著，哭出來吧！憋住容易把眼睛憋小。接下來老畢說，自己從小就倔強，有眼淚就憋著，所以把眼睛憋小了。此話一出，連那位欲哭的選手都笑了。

這種機智的幽默的確讓觀眾身心舒暢。

再如，以下幾句很有代表性的經典名言，看起來似乎信

第5章　幽默，「笑果」好極了

手拈來，其實都蘊含著智慧。

「錢不是問題，問題是沒錢。」就巧妙地運用了正反思維的方式，透過顛倒語句說明沒錢才是最大的問題。

「水能載舟，亦能煮粥。」把名言和生活常見現象和諧地結合起來，可謂亦莊亦諧的經典了。

「一山不能容二虎，除非一公和一母。」這句話更是絕妙，打破了人們頭腦中的傳統思維，令人捧腹。

「喝醉了我誰也不服，我就扶牆。」諧音運用的很自如，但又巧妙地描繪出醉鬼的形象。

「問世間情為何物？一物降一物。」不論是戀愛時男人征服女人，還是結婚後男人怕老婆，都是一物降一物的現象。把浪漫和現實巧妙對接，看起來好像白開水般平淡，其實卻蘊藏著真理。

「我就像一隻趴在玻璃上的蒼蠅，前途光明，沒有出路。」

「避孕的效果：不成功，便成人。」

這些幽默都大膽新奇，既讓人發笑，又讓人震驚，不是嗎？這些可笑的「大實話」，我們為什麼沒有想到呢？

其實，幽默的口才不僅是一個人心地善良、豁達開朗的表現，也是需要知識為底蘊的。機智幽默的人不論從事什麼工作，在任何場合，都可以帶給他人快樂，從而也會讓自己沐浴在快樂中。

培養幽默細胞，成為風趣達人

　　既然幽默的口才這麼令人喜愛，幽默的人這麼受人歡迎，相信很多人都希望自己也能擁有幽默的口才，讓自己快樂、開心，人見人愛。那麼，幽默感可以培養嗎？

　　有些人的幽默感可能是與生俱來的，但是，透過後天的學習，幽默也可以培養出來！你不妨從以下幾方面培養自己的幽默細胞。

❖ **熱愛生活**：生活是幽默的源泉。幽默永遠屬於那些心胸寬廣、對生活充滿熱情的人。一個心胸狹隘、思維消極的人，是不會有幽默感的。因此，只有以對現實生活的熱愛，對未知領域的嚮往，去學習、去探索、去感悟，才能創造出幽默。如果只是急著到幽默之中找幽默，簡單地複製，則有可能弄巧成拙。

❖ **培養高尚的情趣和樂觀的信念**：幽默是一種高雅的口才藝術，不同於某些低俗的笑話。因此，要擁有高尚的情趣和樂觀的信念，這樣才能培養出真正的幽默感。

❖ **拓寬知識面，累積幽默素材**：幽默表現出的是一種才華和智慧，因此需要博覽群書，拓寬知識。從知識的海洋中汲取有益的智慧，累積幽默素材。比如可以多看一些漫畫和笑話，從中體會幽默。久而久之，就可以自己製造幽默，至少可以把看來的笑話運用到你的談話中。

第 5 章　幽默，「笑果」好極了

❖ **提高想像力和觀察力**：幽默作為一種「錯位」的語言藝術，常常運用意外的，甚至「牛頭不對馬嘴」的移植或組合，形成令人捧腹的效果，因此，要突破常規思維，必須具有豐富的想像力，這樣才能巧發奇中。

　　另外，要多接觸有幽默感的人，觀察體會別人的幽默感，然後進行模仿，直到自己能有所創新。

❖ **在實踐中歷練**：任何一門知識的學習都需要透過實踐鍛鍊，要學習幽默的口才也需要多參加社交活動。因為你說笑話，總不會自說自聽，或自逗自笑，一定是幾個人在一起，觸景生情，有感而發。因此，要有意識地訓練自己對他人話語的快速應變能力和分析能力，以此來鍛鍊自己的即興幽默感。

　　另外，在培養具體的幽默語言，可以從以下幾方面著手嘗試：

▋ 巧設懸念

　　幽默的話語想吸引聽眾，可以巧設懸念，之後再抖開包袱。

一語雙關

在一定的語言環境裡，可以用多義、同音和同形等詞，把 2 種不同的事或物連結在一起，這樣就會使語句產生奇妙有趣的效果。

在中國民間傳說「劉三姐」中，有一段劉三姐和 3 個秀才的對歌。劉三姐唱道：「姓陶為何桃不結果，姓李為何李不開花，姓羅為何鑼鼓不能響，三個蠢材地裡來。」

這就是利用諧音說陶、李、羅他們 3 個秀才根本就沒有真本領，達到幽默諷刺的效果。

反常規

比如，當有人問某人每月薪資多少時，因為他薪水少，故意誇張地回答：「12 萬……」當對方充滿驚訝羨慕的表情時，他才接上後句「日幣」。故意把新臺幣換成日幣為計算單位，也可以凸顯幽默效果。

使用比喻

如果能利用一些形象的比喻，語言就具有一定的幽默性了。

有個銷售員這樣形容自己的工作：「出門時像兔子那樣，推銷時像孫子那樣，回來時像駱駝那樣。」

第5章 幽默，「笑果」好極了

雖然銷售確實是個吃苦又受累的工作，但從銷售員風趣的語言中，人們不僅沒有感受到他的疲累，反而覺得他熱愛這個工作。

語言倒置

例如，有位老太太誇讚鄰居：「你的命真好呀！有兒子孝順你，而我是孝順兒子。」這句話語義倒置，產生非常強烈的幽默效果。

話中有話

劉爺爺去幼稚園接孫子回家，孫子騎在他脖子上，高高興興地邊走邊拉他頭髮。朋友看到了問他：「又去接孫子了啊！」

他回答：「這時節，也不知道誰才是孫子！」一句話說得大夥哈哈大笑。

有時有些話不好明說，直接說出來可能會引起不必要的糾紛，這時就可以用這種話中有話的方式。

有一年，南唐稅收苛嚴，百姓不堪重賦。大臣紛紛勸諫烈祖減輕賦稅，卻沒有結果。

一天，烈祖在朝堂問群臣：「外地都下雨了，為什麼唯獨京城不下？」

大臣申漸高一聽，詼諧地說：「因為雨怕被收稅，因此不敢入京城。」

烈祖明白他話中有話，大笑一陣後便頒發聖旨，減輕稅收，給百姓休養生息的機會。

以錯訛錯

清朝時，有個胸無點墨卻熱衷科舉的人。眼看就要交卷了，他忽然靈機一動，在卷面上寫道：「我乃李鴻章中堂大人的親妻。」因「戚」字不會寫，「親戚」就變成了「親妻」。

主考官批閱試卷時，讀到了這句話，拂鬚微笑，提筆批道：「所以本官不敢娶你！」

主考官針對這個人的錯字，來個絕妙的「錯批」！既富情趣，同時也毫不客氣地回敬了這個想「走後門」的考生。

使用歇後語

例如，「你這個人真是和尚打傘 —— 無法（髮）無天。」或者：「下雨天出太陽 —— 假晴（情）。」

不過說歇後語時，只說出前半截就可以了，後半截要留給對方，讓他細細去體會其中的含義。

總之，培養幽默口才和學習其他任何一項技能一樣，需要付出真誠的努力。如果你認為自己缺乏幽默感，不會說幽默的話，沒關係，可以用上面這些方法來慢慢培養。透過訓練，終有一天，你也可以成為一個幽默的人。

▌讓心靈成為大晴天

　　幽默不僅是一門生動、有趣、實用的口才藝術，而且一個說話幽默的人，還可以給自己帶來好心情。

　　幽默是一種快樂的力量。人們的大腦皮層本來就存在著「快樂中樞」，「快樂中樞」接受適宜的刺激後呈興奮狀態，能把各種美好的東西複製出來，洗刷生理疲勞和精神倦怠，改善體內循環，且促進人體免疫力。而刺激它的最佳方法，就是那種令人覺得有趣或可笑的幽默。當人們學習或工作疲勞時，聽一小段幽默的話，會覺得一下子輕鬆起來，身心愉快，精神振奮。俄國作家契訶夫說：「愉快的笑聲，是精神健康的可靠象徵。」人們說的「笑一笑，10 年少」，也正是這個道理。

　　幽默是煩惱的剋星。在現實生活中，很多人容易因一些微不足道的小事而不愉快，或鬱鬱寡歡，或牢騷滿腹，或大發雷霆。以這種焦躁情緒待人處世，生活氛圍將會被弄得更糟，甚至會產生一種惡性的情緒循環。如果讓煩惱把自己的健康折磨得千瘡百孔，那就太不值得了。有什麼能和寶貴的生命相比呢？因此，面對不如意之事，在沒有力量改變現狀的情況下，最好的辦法莫過於一笑置之，用微笑和幽默來面對生活中的各種煩惱。

　　要知道，幽默是有助於健康的。從醫學角度來看，幽默

能發揮固守從容、化解焦慮的正面功效。可以說，幽默是人類的一種正向心理防禦機制。醫學研究發現，具有幽默感的人，其體內新陳代謝旺盛，抗病能力較佳。他們可以借助幽默改變灰暗、消沉的心境，找回自信、熱情和興致。因此，科學家們把幽默生動地比喻為心理健康的「心理按摩」。

某次，一個旅行團在中國某省旅遊，其中有位老太太遊武夷山時，因裙子被蒺藜劃破，洩氣地坐在地上。

「老太太，您別生氣，」導遊和顏悅色地說，「這是武夷有情，它請您不要匆忙地離去，要您多看幾眼呢！」這話吹走了老太太臉上的「愁雲」，使她重新恢復遊興。

其實，我們身邊本就沒有什麼大不了的煩惱，許多煩惱都是自找的，是因為自己心胸狹隘，跳不出傳統的思維模式所致。看開了，就別有洞天。

幽默還是一種優美的特質。古有言：「言語之美，穆穆皇皇。」意思是語言的魅力在於美好。美好的語言，必然是光彩照人的。幽默的語言具有很高的文化素養和豐富的文化內涵，還可以折射出一個人的美好心靈。因此，具有幽默感的人，大多純潔、真誠、寬容。他們不僅自己心情愉快，且也可讓別人從他們那裡享受到美好和愉悅，他們的心靈就像大晴天。所以，幽默可以幫助人們始終保持健康快樂的心，讓我們的心情始終充滿陽光，生活在和諧美好、幸福的環境中。

第 5 章　幽默，「笑果」好極了

第 6 章
職場口才講究分寸與火候

第 6 章　職場口才講究分寸與火候

　　對身在職場的人來說，如何敲開求職的大門，如何贏得老闆的青睞，如何和同事順暢溝通，都會直接影響自己的工作和生活。可是，在職場上，不像在自己的家中，可以想到什麼就說什麼，或即便不說出口，家人也可以和你心有靈犀。

　　職場是雙向溝通，既不能自己唱獨角戲，更不能知無不言，不分場合。不論是敲開職場的門，還是工作中和上司、同事溝通，都要掌握分寸和火候。該表現自己時，就要表現得出眾，不該表現的地方，就要謹言慎行。總之，在職場中，要讓口才助自己成功，而不是給自己增添不必要的麻煩。

▌面試語言要「出眾」

　　對求職者來說，面試是很關鍵的。面試可透過你的介紹，讓用人企業對你有個大致的了解。如果面試這一關通過，才可以進入下一輪更高級別的競賽。至於那些筆試在前、面試在後的公司，如果通過面試，你就會順利被錄用。

　　能否順利通過面試，一看形象，二看口才。其中口才至關重要。要需求部門對求職者的介紹感興趣，才會進一步介紹公司的要求和待遇。如果對方對你的介紹不感興趣，就不

會再開金口。因此，可以這樣說，面試考核的就是你的語言表達能力。如果有好形象，配上好口才，當然相得益彰；如果形象並不出眾，而口才出眾，同樣也能打動主考官。再者，對需求部門來說，求職者口才的重要性，顯然比一紙文憑高出許多，因為口才就是你能力的表現。當你沒有什麼工作經驗可以證明能力時，口才無疑就是最好的證明。因此，一定不能忽視面試中的口語表達。

一位年輕人去面試某公司的推銷員職位，人力主管請他簡單說說自己的經歷。可是，不到 2 分鐘，人力主管就聽不下去了。他說：「我敢打賭，如果你這樣出去推銷，恐怕無法說動客戶。你說話平淡無味，連我都沒有興趣，更不用說吸引別人了。」最後，人力主管勸他，「我建議你多看看這方面的書，否則以後還會吃虧！」

相信在求職者中，像這位年輕人一樣碰壁的不在少數。的確，如果你的面試表達沒有任何特別之處，需求部門怎會對你情有獨鍾呢？因此，不論你應聘的是什麼行業，在面試中語言都要出眾，要與眾不同，那樣才能給主考官留下深刻的印象。如果能打動主考官的心，讓他對你產生好感，成功的曙光就會出現。

那麼，面試語言怎樣才能出眾呢？

著重突出自己的優勢

　　例如：「我在 ×× 公司工作，成功地令競爭對手在當地的市場銷量減少……」，或「我在某加盟店工作，開拓了更多新客戶」等。這些都會引起主考官的注意。

　　另外，在表述自己的成就時，一定要先說最後一次，然後依次倒敘過去。因為最後一次是距離目前最近的時間，能夠代表你現在的水準，這是主考官最關心的。

把優勢和行業有機嫁接

　　當然，自己的優勢只有和需求部門的價值取向一致，才有成功的可能。因此，突出優勢要注意有的放矢。

　　如一位求職者在某建設公司面試時，主考官看了他的履歷後問：「咦，你是南部人？」

　　「南部人質樸、厚道，能吃苦，這一點恰恰是北部年輕人所缺少的，而且也正是我們這個行業所需要的。」

　　主考官聽到這些，滿意地微笑，在他的履歷上畫了個大大的勾。

介紹自身的優點

　　也許有人會說，我和眾多的應聘者一樣，畢業於相同的學校，在同一家公司實習，沒有什麼與眾不同的工作經歷；我很普通，畢業的學校很普通，成績也很一般，沒有得到很

多的榮譽，別人有的我沒有，我有的別人也有，實在找不出
什麼優勢。這種情況下，該怎麼做自我介紹呢？即便你與他
人有相同的求學經歷，甚至實習經驗，但是你也有自己與眾
不同的優勢和優點。

如果你感覺自己在其他方面沒有過人之處，可以強調一
下本身的優點。比如，你性格開朗，樂於幫助同事；或忠誠
敬業，對工作不斤斤計較等。這些也許就是你優於他人的地
方。因此在自我介紹中，千萬要把這些與眾不同之處展現
出來。

雖然面試有很多技巧，但良好的開端是成功的一半。只
有語言出眾，讓主考官記住你，對你的印象加深，你才有機
會從眾多的應聘者中脫穎而出。

欣賞對方是求職成功的密碼

在介紹自己時，選擇讓對方樂於接受的觀點，與對方保
持觀點的一致性和相同點，能夠縮短與對方心理上的差距，
有利於求職成功。

那麼，怎樣才能與對方找到共同點呢？欣賞對方。因為
沒有人不希望他人欣賞自己，這就是自己價值的展現。所以
說，欣賞對方是求職成功的密碼。

第6章 職場口才講究分寸與火候

▌欣賞職位

想一下在需求部門眾多的職位中，為什麼你單單看好某個職位呢？你可以表達自己對這個職位的嚮往。

比如，你可以說：「我非常喜歡這個職位，在上學期間，就對此職位需要具備的知識投入了很大的精力。我相信，這個職位可以提升我的熱情，讓我大展身手。」這樣說，會讓主考官看到你對職位的熱愛和自信，也會對你有好感。

▌欣賞公司

如果應聘者對職位的職責和要擔當的工作及專業不甚清楚。比如，應徵的公司是新興的行業，眾多的職位設置和工作內容也不是大學生能夠了解的。這時，你可以表達自己對應聘公司的認可，如：「貴公司是在行業內很有影響力的企業，而且這一行非常有發展潛力。我很希望進入貴公司，拓寬自己的視野和知識面。」

▌欣賞老闆

有些求職者應聘的不是赫赫有名的大公司，可能是榜上無名的企業，此時，也要真誠地表達出對該公司老闆的認可和讚美。雖然公司小，但畢竟為求職者提供起步的平臺，因

此，如果能誠心誠意找出公司突出的面向，企業會先認可你的態度。

小鐘對行銷策劃很感興趣，對業界知名的策畫人李先生更是充滿崇拜。但是他沒想到，這樣赫赫有名的人物，創辦的公司規模很小。即便如此，在面試中，小鐘還是充滿熱情地說：「我早就關注您和您的公司了。您是行銷策劃高手，我早就想投奔您門下發展。今天終於如願了。」三言兩語，既表達了對老闆的崇敬之情，又激發了對方的榮譽感，縮短了雙方的距離。聽了他的話，面試官當場拍板錄用了他。

▍認同主考官

如果你對職位、公司、老闆沒有什麼了解，也可以表達對主考官的認同和欣賞。這些欣賞的角度可以從自然屬性和社會屬性 2 方面入手。自然屬性如：籍貫、年齡、性別、社會地位、民族、學歷、文化背景、同鄉關係、同齡人等。社會屬性一般指認知、感情和意向以及興趣、愛好、個性、需求等因素。其中，社會屬性比自然屬性更容易產生共鳴。因此，如果能從社會屬性入手，一旦發現共同點，就很容易產生人際吸引，為求職成功鋪平道路。

某公務機關公開招聘文祕和法律人才，其中有位畢業於教育相關學系的面試者前來面試。面試中，處長指出他這個

缺陷時，他回答：「專業對我來說也許並不是最大的障礙。一個人最重要的是不斷學習的能力，我的經歷表明我具有接受新事物、不斷進取的個性特點。」

接著，他開始簡短介紹自己的經歷。他說：「我一直在偏鄉當老師。從偏鄉出身的人都知道，鄉下學習條件很差。但我憑著自己的毅力，以每天只睡 3 ～ 4 小時的代價，自學完成所有課程。我之所以應聘這個職位，就是想更加充分地發揮自己的才能。」

這時，處長把目光投向他，贊同地說：「這種毅力和吃苦精神，是很重要的素養。」2 週後，他從眾多應聘者中勝出，接到了錄取通知書。

原來，這位人事處長也在貧困山區當過老師，也曾苦讀自學考上大學。於是，這位考生沒有像其他人一樣誇誇其談自己在教育方面的特長，而是透過與之相同的經歷來打動處長，成功地勾起了對方的回憶，使之產生心靈共鳴。這種情感溝通對考官的選擇會產生正面影響。

在面試時，任何能接近或靠攏考官內心世界的言行，都可能促成彼此間的溝通。

某家公司招聘員工，小申前去應聘。他看到正面方坐著一位農夫樣貌的人，他有一張風吹日晒、飽經風霜的臉，沒有一點商人的狡黠和城市人的精明，而且褲管還捲起來。小

申主動與他握手，熱情而坦率地說：「您不像個商人，倒像是個農夫。」

沒想到他這句話剛說出口，對方馬上露出真誠的笑容。他說：「我剛洗腳上田，你好眼力。」小申以讚賞的口吻說：「我也是農夫出身，看到農夫老闆就感覺親切。」就這樣，一種與朋友交談的氣氛出現了。可是，很多求職者看到一位種地的農夫居然要領導自己，心裡不平衡，就在面試這關被刷下來了。

▎認同對方的觀點

欣賞對方，除了欣賞對方本身，也可以是對主考官或用人部門觀點的認同。

一個出身優渥家庭的年輕人，到一家公司面試，在介紹自己時，他說：「我雖然生於優渥家庭，但我對自己要求很嚴格。我能做的事從來不會請別人幫我做，我也從不依靠父母親的身分地位。所以到貴公司任職，你們受的苦，我都能吃。」結果他獲得了自己喜愛的那份工作。

這位求職者巧妙地利用自己雖出自優渥家庭，但是能吃苦、自立等優點，找到了和對方的共同點，讓對方認可了自己。

認同對方的觀點還包括，在應聘時，及時把自己與主考官相同的感受告訴對方。如「我完全贊同您的看法……」、

第 6 章　職場口才講究分寸與火候

「我也是這麼想的……」、「我很重視您的要求,也非常贊同您的見解。」當別人沒有表達出這種意思,而你卻運用這種句式述說時,能有效地激發對方的認同感,彼此間的溝通管道就更加暢通了。有位求職者在面試結束時,就是這樣表達自己的觀點。結果,3 天後,他接到了錄取通知。

在求職中,每個人都有強烈表現自己的欲望,但表現自己也要考慮對方的感受,畢竟,對方可以決定你是否能面試成功。在應聘者眾多的情況下,利用好這 1 ～ 3 分鐘的自我介紹,就可以給面試官留下好印象。如果能投其所好,使對方心裡有滿足感和被尊重感,那麼不但可以增加求職成功的機會,還可以增加自己的信心。

當然,不論是讚美主考官,或是讚美應聘公司,都要誠心誠意、恰到好處。這樣,既能給主考官留下深刻的印象,也能營造令人身心愉悅的氛圍,並為下一輪的競賽開好兆頭。

求職自薦不能以自我為中心

在求職時,有人絲毫不考慮面試人員的心理,而是把面試機會當成自我表現的舞臺,一個人大唱獨角戲,為了表現自己的口才,信口開河、高談闊論或自以為是,故意掩蓋自己的不足。這種人自以為最聰明,但卻不一定符合用人部

門的口味。因為他們不懂得怎樣表現自己才是最得體、適宜的。

下面這些現象就是這類人的典型表現：

▋「我」字不離口

有一類求職者，說話總是「我」字不離口。比如：「我有十足的把握和勝任工作的能力」、「我認為我適合這個職位」等。他們總是忙於在短短的時間內，把自己的優勢全部展現出來，並沒有想到這樣說會給對方什麼印象，甚至也無暇傾聽對方的感受，結果常常使對方反感，最終失去工作機會。

有一合資企業到某經管類學院去招聘職員，一位幸運進入的學生上來就誇誇其談，炫耀自己的學習和社交能力多麼強，且對公司的工作提出一大堆建議和設想。面試官好幾次做出不耐煩的舉動，他都沒有注意到，最後面試官只能提醒他時間到。

這個案例說明，求職者在應聘時，自我介紹不能總是以「我」為中心，因為面試的機會是需求部門給你的，他們要看一下你的表演是否符合他們的需求。因此，介紹完自己後，要把話題放在對方身上，比如「我很願意為您工作」、「我會努力與您合作」、「我能為您和公司做些什麼」等等。這樣說，對方才會感到你也在為他們著想。

第6章 職場口才講究分寸與火候

▌習慣說「沒什麼大不了」

有些求職者也許對自己太有自信，也許是先天性格大大咧咧，他們對什麼都滿不在乎，總是習慣說：「沒什麼大不了」。有時，這種表達方式會讓主考官認為你不認真對待面試。

肖強在一次面試時，主考官故意問他：「假如你未被我們公司錄取，你會怎麼想？」肖強不假思索地回答說：「這沒什麼大不了的。人才招聘本來就是雙向選擇。我雖然失去在貴公司就業的機會，但很可能會在其他地方找到適合我的職位，畢竟，『條條大路通羅馬』。」

主考官覺得肖強這番話表明他對該公司和該職位不太看重，毫不猶豫地把他的名字刪除了。

▌想當然

面試時，常常會遇到這種時候：主考官提出的問題意思不明朗，不知從何答起。這時，千萬別「想當然」地去理解對方所提的問題，否則，他們會認為你不認真。

有一位應試者被問道「如果你被錄取，能處理好同事關係嗎？」這位面試者想，假如直接回答「能」或「不能」，都不太高明：回答「能」顯得太武斷；回答「不能」更是不合適。因此，他想主考官這樣問肯定是很看重人際關係，於

是亂講了一通自己了解的，有關人際關係的知識。主考官看他有意炫耀自己，回答問題不著邊際，很不滿意。

▎大吐苦水

舉凡離開前公司的人，都有各式各樣的苦衷，即便如此，也不要在面試時大吐苦水，把前公司或前老闆說得一無是處。在主考官看來，今天你會說前公司壞話，明天跳槽到其他地方，也許又會重複這一套，他們不會喜歡這樣的人。

因此，在應聘新公司時，要簡短說明離職原因，但要避免大吐苦水。

▎一口回絕刁鑽問題

面試時，主考官有時可能故意挑選古怪的問題，或故意提出不禮貌、令人難堪的問題要你回答，考察你處理隨機問題的「應變性」和「機敏性」。對此類問題，如果你理解有誤，與主考人員激烈爭論，就大錯特錯了。

在香港小姐選美大賽中，有位評審問參賽者：「如果讓妳嫁給希特勒，妳會怎麼辦？」這個問題很刁鑽，嫁給這樣的人，自己成了什麼？此時，如果一口回絕：「我絕不會嫁給這樣的人」，那顯然不是大家希望得到的答案。而那位小姐的回答很巧妙，「那就不會有第二次世界大戰了。」結果評審對她的機敏反應非常滿意。

因此，對於類似刁鑽的問題，首先要冷靜，要不動聲色，以察其動機。然後再以妙語回答。這樣，既顯示了你對問題理解的準確度，又會給主考官留下一個很好的印象：「這是聰明、冷靜的人」。

▌含糊回答

有些人在求職中總是耍小聰明，比如，對前工作的職位和頭銜、薪資回答得含含糊糊，擔心需求公司以此為標準。如果是被解僱的，就隱瞞自己離開原公司的原因，擔心需求公司小看自己。其實這完全沒有必要，因為一切並不一定是你的錯。再者，行業不同，用人標準不同，待遇也沒有什麼可比性。因此，一定要實事求是，以前做什麼工作、什麼職位、什麼頭銜，一定要說清楚。這樣，需求公司才可以全面考慮，以便做出適合的選擇。否則，會給對方留下不誠實的印象。

面試時雖然求職者說話多，但是，求職成功的主動權掌握在主考官手中。因此要學會換位思考，從對方的角度考慮自己的話語是否是他們希望聽到的，千萬不要自以為是，自說自話。那樣，求職成功的希望就很渺茫了。

掌握與上司溝通的技巧

當你求職成功，邁入理想的公司大門後，就面臨和同事、上司交往溝通的問題。如果和同事溝通相對來說沒那麼多規矩，不必太拘謹，那麼，和上司溝通，應該是較慎重的。能夠和領導者，尤其是頂頭上司溝通順暢，不僅利於今後的相處，也利於以後的職業發展！

職場中，很多人都認為溝通是非常簡單的事，甚至沒人會承認自己不會溝通。在他們看來，溝通不就是說話嗎？說話誰不會？也有人認為，溝通就是寄個 E-mail，打個電話，留個言或傳訊息。其實這些都不是溝通的真正含義。在一個團體裡，下屬和領導者之間想溝通融洽，並沒有想像的那麼簡單。

小劉在公司做銷售主管，除了薪資，其他費用一概和業績掛鉤，沒有享受過其他待遇。有次，他偶然聽說辦公室主任的手機費實報實銷，很不服氣。銷售開拓市場需要多少手機費用，竟然不能實報實銷，然而享清閒的辦公室主任卻享受此等待遇，於是他借匯報工作之機，向老闆提出申請，希望自己也能實報實銷。

老闆聽了很驚訝，說銷售人員不都是費用掛鉤，沒有免費的通訊費嗎？但是，小劉不服氣地說：「辦公室主任就有呀！她的費用實報實銷，據說還不低呢！」老闆聽了沉吟道：「是嗎？我了解一下再說。」

這一了解就是 2 個月，老闆沒動靜也就算了，可是，小劉不屈不撓，又去找老闆，也沒有得到解決。後來，小劉向同事抱怨時，有知情的同事告訴他，以辦公室主任名義報銷的手機費並不是主任自己的，而是老闆的一位朋友的電話。

從此，小劉再也不提手機費的事了。

雖然和上司溝通不見得都會像小劉這樣觸及上司隱私等敏感問題，但足以說明，和上司溝通遠遠沒有想像的那麼簡單。由於領導者和下屬的身分、地位及工作內容不同，有時出於某種需要，領導者不可能把自己心中所想，完全清楚無誤地告訴下屬，有些含義需要下屬去用心揣摩。因此，和領導者相處，一定要明白他們的潛臺詞，這樣溝通才會確實。

尤其是當領導者心情不舒暢，或工作不順利時，和他們溝通更要講究方法。如果一開口就是驚人的壞消息，領導者沒有心理準備，說不定會被你一棍「打暈」。

某工廠的推銷員推銷新產品時，由於競爭對手太多，效果很不理想。回廠後的某天，他敲響了經理的門。

「情況怎樣？」急性子的經理見到他劈頭就問。

此時，如果開口直接將不利的情況匯報給經理，經理肯定會不高興。推銷員沒有急於回答問題，而是顯出一副心事重重的樣子。經理見到推銷員這副模樣，已經猜想到出師不利，於是改用關切的口氣問道：「情況糟到什麼程度，有沒

有挽救的可能性？」

看到經理反而安慰自己，此時推銷員自信地回答：「有！」

「那談談你的看法吧！」經理求之不得。這時，推銷員開始把自己構思好的推銷計畫一步步匯報給經理。經理聽後頻頻點頭：「嗯，不錯。你找到了問題的癥結所在，還想出了解決的辦法，這件事就交給你全權處理吧！」

就這樣，透過巧妙的溝通，推銷員受到重用，公司的新產品銷量也節節上升。

這位推銷員能將不利的工作情況成功地匯報給經理，並得到稱讚，是因為他掌握了溝通的技巧，從而占據了主動。

在職場中，還有一種現象，職員因待遇低、工作繁重等，對上司說偏激的話，其實這也是愚蠢的做法。即使你真的發現自己有委屈之處，也不能用偏激的語言表達，應該用委婉的語言、恰到好處地向上司提出你的要求。

某廣告部門在春季公司銷售的旺季，十分繁忙。可是，公司領導者卻將其他部門的宣傳文案也交給他們做。這下子，本來就缺乏人手的廣告部門，顯得更加力不從心。在這種情況下，員工們心裡很不舒服。可是，如果說上司分工不正確，上司肯定會一口否認。於是，他們決定派一個代表去和上司溝通。

　　當這位員工代表敲開上司的門後，非常抱歉地說：「經理，打擾您一下。您交代完任務後，我做了詳細的工作計畫表，想給您看看。」上司有點不耐煩地說：「不用了，只要你們完成任務就好！」但是，這位員工停頓了一下，怯懦地說：「我們不怕加班，只是擔心時間不夠用。即使完成了任務，也無法保證品質，所以希望得到您的支持和指教。」

　　上司一聽，馬上眉開眼笑，他說：「這個表我收下，我先看一下。」後來，上司詳細看過，認為時間確實太緊繃，於是就打了報告給老闆，把該部門做的多餘工作減去了。

　　總之，當下屬在工作中與上司發生分歧時，最好避免與之發生正面衝突。上司與下屬需要合作，即便有分歧，也要重在溝通，這樣大家才能步調一致、共赴成功。

與同事相處，不能知無不言

　　同事是與自己一起工作的人，與同事相處得如何，直接關係到自己的工作、事業的進步與發展。同事與同事間的談話，如何掌握分寸，也就成了人際溝通中不可忽視的一環。因為「講錯話」常常會帶來不必要的麻煩，若造成同事關係緊張，甚至會影響工作。

　　一位年輕人在公司當司機，和一個同事私交甚好，常在一起喝酒聊天。彼此感到情投意合後，年輕人向這個要好的

同事說了一件從未對任何人說過的事。原來他在沒有工作、心灰意冷時，曾借著酒醉偷過他人的摩托車。

最後，年輕人真誠地說：「我再也不會這樣做了。只是感覺說出來心裡舒坦一些。你我是好朋友，相信你也能原諒我一時的衝動。」

後來，公司在競聘轎車司機職位時，年輕人由於表現突出，成功受聘。可是，沒過 2 天，又被刷下來了。

事後，落選的年輕人才知道，是最要好的那位同事，把那天酒醉後說出的話透露出去。不難想像，曾經做過這種事，領導者怎能放心把高級轎車交給他開？

可見，同事之間如果知無不言、言無不盡，不知道會在什麼時候帶給自己麻煩。

當然，這並不是說，要提防所有同事，把所有人都往壞處想。太過敏感其實是種自我折磨，是種心理煎熬，那些神經過於敏感的人，同事關係肯定不好。

在公司裡，特別是同一個辦公室的人，每天見面的時間很長，談話可能涉及工作以外的各種事情。但是，辦公室不是互訴心事的場所。即便下班後彼此閒談，也不要涉及公司敏感話題及自己私人隱私。特別是對公司有負面影響的言辭，比如領導者喜歡誰，誰最吃得開，誰又有緋聞等，最好要三思而後行。因為這些耳語就像雜訊，會影響人的工作情

緒，且不小心傳到他人耳中，還會引起矛盾，你也可能因此成為別人「攻擊」的對象。如果是對上司不滿，開口罵領導者，抱怨工作太多，待遇又差，同事大多會隨聲附和，這就會成為「定時炸彈」。因此，聰明的你要懂得，該說的就勇敢說，不該說的，絕對不要亂說。

另外，也不要因為和某個同事交往過密，就打聽人家不想說出的私事，或把人家要隱瞞的事情四處傳播。那樣的話，即使你不是故意的，人家也會忌你三分。

至於自己的一些得意之事，比如，即將爭取到一位重要的客戶、老闆暗地裡發獎金給你……等，最好也不要全部拿出來向人炫耀。不懂收斂、鋒芒太露，很容易引起別人的反感或嫉妒，對你有害無益。

總之，同事之間可以親密，但不能無間。假如你實在對說話情有獨鍾，總想誇耀自己的口才，那麼建議你把此項「才華」留在更適合的場合，對那些和自己沒有利害關係的人發揮，那樣就不會因嘴上逞能而招來是非。

與同事溝通，要因人而異

該如何與同事相處，並沒有標準答案。但是與同事之間的溝通可以因人而異。在這裡，「因人而異」不是勢利的意思，而是說要根據每個人的性格特點採用不同的溝通方式。

▎對內向的人開玩笑不能過分

有些人很愛開玩笑。可是，他們常犯的錯誤是不分場合，不分對象，見到什麼人都嬉皮笑臉。如果對方是個內向的人，特別是在工作中，有他人在場時，你和他開過分的玩笑，他們會覺得破壞自己穩重的形象，會很不高興。

小敏雖然內向、不愛說話，但她平時的生活是無憂無慮、自由自在、開開心心的，很少有什麼煩惱。但現在卻因一件小事讓她寢食難安。原來，一位總愛開玩笑的女同事在元旦要狂歡一場，下班後發給她一條短訊「親愛的，妳今晚有興致出來嗎？如果不出來，我就在妳家門口一直等妳到天亮。」

小敏忙於煮飯沒聽到，卻被老公看到了，一口咬定她有第三者，小敏告訴老公那是女同事的電話，老公卻說她是找藉口。可是小敏又不擅言辭，解釋不清。因此，家庭冷戰好長一段時間。為此，小敏對同事也有意見。

一般說來，性格內向的人臉皮較薄，不像外向者那樣大大咧咧，他們也多不擅言辭，不愛在眾人面前表現自己。因此，最好不要和他們開過分的玩笑，以免引起不必要的誤會。

和他們說話，最好一是一、二是二，不要亂開玩笑。即便開玩笑，也要注意分寸，不要讓他們下不了臺。

第 6 章　職場口才講究分寸與火候

▌對外向的人要直截了當

　　對於性格外向、直率豪爽的人，說話就不必拐彎抹角，因為他們不喜歡這套，這樣會給他們裝模作樣的感覺，如果你拐彎抹角，只會令他們反感。因此，可以直截了當、開門見山地和他們交流。即使你們彼此起了爭執、衝突，對方可能也會覺得這是很過癮、很有效的溝通方式。如果你覺得吵得太嚴重，感覺不舒服，也不妨直接告訴對方你的感受。如果他意識到是自己不對，可能馬上就會停止爭吵。

　　當然，你也可以和他們開一些無關大局的玩笑，只要不太過分，他們都不會計較。不過你要做好被他們反唇相譏的準備，因為當眾說話表現自己也是他們的愛好之一。

▌對敏感的人要多加關心

　　那些過於敏感的人，總是擔心別人會取笑他們。特別是當他們要面對眾人表達自己的想法時，往往會有困難，所以不要在這方面給他們太大壓力，不要譏笑或批評他們的多疑，這會使他們更缺乏自信。要表現出親切的善意，以減輕他們的緊張、焦慮。

　　當他們心中有一些難以啟齒的隱私時，要用關愛的語氣詢問他們當下的感受。讓他們感覺到你是真心關心他們，讓他們有機會發洩不良情緒。

當他們發揮自己的才華而有所貢獻時，一定要記住當面誇獎他們，因為他們容易否定自我，這麼做會給他們極大的信心。

對具有藝術氣質的人，要重視他們的感覺

比如，與愛好文學藝術、想像力十分豐富的人溝通，一定要重視他們的感覺，不要老是以理性來要求、評斷他們，因為他們通常對那些枯燥的理論和呆板的說教不感興趣，他們也不喜歡過於嚴肅、拘謹、無趣的人。因此，可以用直覺或形象的方式和他們對話，這是他們樂於接受的。

另外，在言行中，也不要表現出想控制、干涉他們的意思。他們嚮往的是自由和無拘無束，因此，要給他們充分的話語權和沉思的權利。他們感到你對他們的尊重，就會和你成為好朋友。

和性格平和的人說話應不溫不火

有些人性格既非典型的外向型，也非內向型，說話總是不偏不倚，看不出他們的立場、觀點，這也許是因為他們個性比較平和。因此，對這樣的人，切不可直言，說一些偏激的話，可以含蓄委婉地說不溫不火的話。

▎和理性的人說話應簡明扼要

　　對於那些頭腦清晰、說話邏輯性強的人,不必「穿靴戴帽」,說話要挑重點,簡明扼要,三言兩語能說清楚最好。因為他們判斷力很強,常常你說了上句,對方就猜出下句的意思,沒必要囉唆。

　　對於他們,如果時間充裕、心情好的話,可以開一些高雅的玩笑。這樣既能調節氣氛,也能讓他們對你留下深刻的印象。

　　當然,在現實生活中,每個人的性格可能都很複雜,而且,隨著年齡、地位、環境等因素的變化,人的性格會有很大的改變,不會這樣單純地顯現出來。但是,你和他們在一起的時間久了,就會發現他們主要的個性特徵,這樣,就可以因人而異去和他們溝通啦!

第 7 章

談判口才，氣勢取勝

第 7 章　談判口才，氣勢取勝

　　談判不是服務客人，也不是解決家庭糾紛，總是和風細雨，面帶微笑恐怕難以溝通一致。談判就是利益之爭，所有的合作夥伴都會為了利益而斤斤計較，不會對你畢恭畢敬。如果你處處表現得小心翼翼，唯命是從，會讓人覺得你是軟弱的、沒主見的。因此，談判口才，需要以氣勢取勝。

　　特別是在開場階段，要先聲奪人，不要讓對方小看自己，因為開場語言表明了你最初的立場或態度。另外，在談判中，不論是打破僵局還是對對方使用「最後通牒」，都要以氣勢取勝，讓談判向有利於己方的方向發展。

　　當然，在你贏得自己希望的結果後，不要忘記祝賀對方的表現，這樣才有下次合作的可能。畢竟，共同做大蛋糕才能分取更多的份額。

先聲奪人，鎮住對方

　　談判，就是為了讓他人按照己方的方法和規則做事，其中，良好的開局往往能營造有利的談判氣氛，產生理想的談判結果。

　　這種良好的開局就是先讓對方不要低估自己，這樣往後的談判才能往有利於自己的方向發展。當然，在談判中，能溝通彼此資訊的，不單是語言符號，有時可能是非語言符號，比如說話的速度、音質、聲調乃至臉部表情、手勢、體

態等，都能傳達出某種資訊。同樣一句話，說得緩慢、急促還是粗聲高調，是商議懇求還是頤指氣使，是面帶笑容還是板著臉孔，所產生的效果是不太相同的。因此，先聲奪人，先張揚自己的聲勢以壓倒對方，或做事搶先一步，就會在眾人心目中產生先入為主的印象，為整個談判定下基調。

伯特·蘭斯是卡特（Jimmy Carter）政府的聯邦預算主管，他從 41 家銀行貸了 381 筆款，總金額高達 2,000 萬美元。那麼為什麼銀行會彼此間展開競爭，將數額巨大的款項借給蘭斯？

他獲得金錢的方式被人們稱為伯特·蘭斯原理。

在那些不可一世的銀行大廳，蘭斯氣宇軒昂地走過來。他戴著昂貴的金錶，穿著一身高貴的西裝。身邊的 3 位侍從和他穿著一樣，而且名牌鑰匙鏈也熠熠閃光。他們用一種不耐煩的聲音向銀行職員說道：「讓開，像我這種頂級行政人員，不需要你們的錢……別擋路，我要去寄信。」

當人們正吃驚地看著他們時，只見銀行貸款部門的職員一直追著他們走出大門，並不停地向蘭斯推薦他們貸款的優惠條件，似乎生怕他不貸。

其實蘭斯那些行頭是借來的，隨從也是臨時抓來的朋友。那麼銀行為什麼反而求助於他？因為蘭斯先聲奪人，他的氣勢和自信足以證明他的實力和信譽，讓銀行認為他不需要錢。而他對銀行職員表現出不耐煩的樣子、他大聲的訓

第 7 章　談判口才，氣勢取勝

斥，就更讓銀行認為蘭斯答應貸款是在給他們一個機會。他們誤認為蘭斯有很多選擇餘地，其他銀行都會借錢給他。於是銀行之間產生了激烈競爭，爭先恐後向他提供最優惠的條件。

可想而知，如果當時蘭斯衣著寒磣，只是哀求銀行向他大發善心，那麼他也許立刻就會走投無路。

這就是氣勢的功用！

千萬不要以為只有大公司、位居高層地位的人，才具有這樣的氣勢。其實，沒有多少實力的人，也可以虛張聲勢。虛張聲勢是談判老手經常採用的計謀。虛張聲勢者通常會這樣：無論談判地點在哪裡，他們必定衣著光鮮、裝備齊全（手提電腦、「花樣繁多」的資料、神氣活現的助手），公司對員工在著裝、銷售裝備、住宿酒店等方面都有高規格要求。他們說話的聲音很響亮，唯恐別人聽不見。而且一般談判開始時，還不時會有「不速之客」打擾：或電話請示，或下屬請求批文件，或有意「洩露」競爭對手正在與之談判（即將達成合作，而且條件優厚）等資訊。身為賣方，他們即便是在等客戶時，也會像在自己家裡一樣悠然自得；客戶來了，他們也沒有絲毫謙卑之意；談判過程中他們條理清楚，表述得當，聲音甚至比客戶還大！諸如此類，目的只有一個——他的地位不容忽視，把客戶「鎮」住，且引導客戶

的思路與之同步！事實也確實如此，初次經歷談判的新手，往往會被這種恫嚇唬住，慌忙降低自己的期望值，因為他們不願失去與如此高地位者合作的機會。最讓人不可思議的是，當他們最終按照自己的意見簽下合約後，客戶居然還忙不迭地懇求說：「就這樣確定了哦！不要再變了哦！」居然認為這樣的價格，是自己占到了便宜！

這就是一種氣勢、一種魄力，更是一種談判的藝術！

要先聲奪人，就要搶占話語權。在談判中，最常見的現象是，身為賣方，很多人在面臨價格談判時，都非常畏懼率先開價。因為在彼此資訊都不透明的狀況下，一方面擔心價格較高，會讓對方反感，搞砸生意；一方面擔心開價不足，將不能為自己爭取最大利潤空間。但不管怎樣，自己率先開價總是有利可圖的。特別是在定價談判中，首發權很重要！得到首發權的企業往往對價格的最終確定產生決定性作用。此後，其他企業即使拿到同樣的價格進行交易，也是在首發企業後面「跟風」。而且率先開價會給對方一個強烈的心理暗示，間接地透露出你的承受限度。如果對方有意與你進行談判，則會陷入這個暗示所設定的區間內，會不自覺透露更多有用資訊，讓你掌握主動權。

當然，因為是虛張聲勢，因此使用這種策略的人，常見誇張、說謊或帶有戲劇性的言行，因此有些人認為，他們是

第 7 章　談判口才，氣勢取勝

借此來表現自己，譁眾取寵。不論談判者是否喜歡這種方法，只要對手能夠接受，你就可以達到自己的目的。因此，不論你是買方還是賣方，不妨換個想法，使用這種策略。那麼你會發現，掌握這個技巧，你就會在更多時候掌握談判的主動權，往往能夠旗開得勝！

不給對方反駁的機會

俗話說：「夜長夢多」。在談判時，如果時間往下拖延，事情就可能發生各種不利的變化。因此，談判高手在談判桌前往往會主動出擊，出其不意、攻其不備，打得對方措手不及，或不給他們反擊機會。

在李嘉誠為首的華資集團與英資怡和集團的談判鬥爭中，李嘉誠對這一點運用得十分恰當。

當時，華資集團透過一段時間的籌備，欲祕密收購英資置地，因此以李嘉誠為首的華資財團，邀請怡和高層人員西門凱瑟克等人進行談判。

談判尚未開始就已顯得硝煙彈雨。首先，李嘉誠開誠布公地說明，以長江實業為首的 4 個財團希望盡快解決置地控制權最終屬於誰的問題。之後，李嘉誠攤牌說：「西門凱瑟克先生，我們 4 家財團已經決定，以每股 12 元的價格購買怡和手中持有的 25.3%的置地股權。」

對李嘉誠主動發起這極具威懾力的進攻，西門凱瑟克馬上反守為攻，否定道：「不可能，必須每股 17 元。這也是你10 月股災前願意支付的價格，而現在置地的資產和租金都不曾下跌，怎麼可能以每股 12 元的價格成交給你呢？」

怡和的反應，當然在李嘉誠的意料之中。他聽後只是輕輕一笑，不給對方任何喘息的機會，緊接著反駁道：「西門凱瑟克先生，你似乎在強人所難，而且你現在還有意忽略了一個關鍵問題，那就是市價。你和我都不是外行商家，按照商業慣例，只要收購方提出的價格高出對方市價的 2 至 4 成便可生效，更何況我們現在提出的價格，已高出置地目前市價的 4 成有餘呢！」

李嘉誠此番話有理有據，合情合理，無懈可擊，西門凱瑟克找不到可以反駁的理由。但是，他絕對不肯輕易認輸，只是態度強硬地依然堅持要每股 17 元的收購價。至此，談判雙方開始陷入僵局。

時間已經接近深夜，而西門凱瑟兄仍然沒有鬆口的意思。此時，李嘉誠預感到，如果雙方繼續這樣僵持下去，會十分不利，便使出「殺手鐧」。他將 4 大財團於談判前擬定的一份，以每股 12 元全面收購置地股份的檔案，出示給西門凱瑟克，並一字一頓地說：「西門凱瑟克先生，我必須很遺憾地告訴你，如果今天再談不攏，明天上午 4 大財團將宣布

以每股 12 元的價格全面收購置地。」

　　對於李嘉誠這一招，西門凱瑟克大吃一驚，他不曾預料到，一向以含蓄著稱的華人，什麼時候開始變得這麼強硬，而且還不容置疑。西門凱瑟克想到，如果拖到明天上午，4 家財團強硬收購而阻止不成的話，那麼接下來的後果真是不堪設想，自己現在的較量只會是前功盡棄了。這麼做也會被不知內情的人所誤解。想到這裡，西門凱瑟克強硬的態度緩和下來，他要求談判暫停，並召集他的手下緊急磋商。不久，迫於華資財團壓力的西門凱瑟克決定讓步。但是，在讓步的同時，西門凱瑟克提出了一個附帶條件，華資財團 7 年內不得插手其他怡和股份。

　　雙方再次展開了一場激烈的爭論，直到最後，華資財團才讓步，同意不去侵擾怡和其他股份，一場激烈的商場收購戰總算告一段落。

　　李嘉誠等人所採取的出其不意戰略，是這場鬥爭中勝利的基礎。

　　要成功地反駁對方，就要趁熱打鐵，步步緊逼。如果對方不以為然，可以使出最後的「殺手鐧」警告對方。比如，最後攤牌，告訴對方自己可以承受的底線，或提升問題的高度，提醒他為此應該擔負的責任。當對方看到自己的後路被切斷，就不會頑固地堅持了。

　　2008 年 6 月，韓國因為對從美國進口牛肉不滿，發生了「牛肉風暴」。在韓美雙方舉行的牛肉談判中，韓方代表就採取步步緊逼的方式，使美方代表曾一度落淚。

　　當初，美國在談判中表現出否定立場。但是韓方代表態度強硬，特別是當時韓國的燭光示威越來越嚴重，在談判第一天，韓方代表金宗壎就拿出 3 張記錄燭光示威規模達到頂峰的照片，對美方代表施瓦布（Susan Carol Schwab）說：「看看這些照片。可以用科學（美國牛肉在科學上的安全性）解釋嗎？」

　　在經過短暫的沉默後，金宗壎不容對方反駁什麼，又以更加有力的聲音和凝重的表情表示：「如果此次談判破裂，您將作為毀掉韓美關係的罪魁禍首而載入史冊。」

　　金宗壎擲地有聲的發言讓美方代表轉變了想法。對此，相關人士表示，關鍵時刻，「金宗壎將牛肉問題成功提升到韓美同盟問題的高度，這產生了決定性作用。」從這時起，金宗壎掌握了談判的主導權。

　　雖然為人處世時，要給別人留餘地，但是在談判中，你讓對方留有餘地，就可能會損失自己的利益。因此，一旦占據主動地位，就要步步緊逼，一鼓作氣贏得勝利。否則，給了對方反擊的機會，他們也許就會集結力量、捲土重來，把你打個「落花流水」。那樣不但浪費時間，也會貽誤對自己有利的大好時機。

把對方的氣勢壓下去

談判有時就是說服。說服對方時，可以先陳述自己的主張，然後列出足以支撐自己觀點的資料來證明。但是，也要想好對方可能出現的反駁理由，想好當對方進行反駁時，如何一條一條去駁斥對方，把對方反撲的氣勢壓下去。

在戰場上講究兵貴神速，在談判中也是一樣。一旦看到對方的言辭不利於己，或對方是無理取鬧，就要果斷反擊，把對方的氣勢壓下去。

在〈唐雎不辱使命〉中，唐雎獨自一人出使秦國，在威嚴無比的秦始皇面前，面對秦國眾多武裝士兵，唐雎毫不畏懼，譜寫了以弱勝強的千古佳例。

首先，秦王恃強凌弱意欲吞併小國，卻反過來把責任全部推給安陵君。當唐雎拜見秦王，秦王強詞奪理說：「我視安陵君為忠厚長者，所以才拿 10 倍土地來交換，以擴大他的地盤，沒想到安陵君卻違背我的意願，這是瞧不起我吧！」

唐雎說：「並非如此。安陵君只是想守住祖先的封地，即使是千里的土地也不敢換，何況只有 500 里呢！」

秦王沒想到，一個非習武的使者，在自己地盤上竟然還敢拒絕自己，因此惱羞成怒，威脅說：「你聽說過天子發怒嗎？天子發怒，會使百萬屍首橫地，鮮血流淌千里！」

可是，唐雎毫不示弱，昂然反問：「大王可曾聽說布衣

之士發怒？」

在秦始皇看來，貧民老百姓無權無勢，即便發起怒來也不敢拿別人怎麼樣，只不過是自己糟蹋自己，摔掉帽子，空手赤腳，用腦袋撞地罷了。

可是，他沒有料到，勇敢的唐雎回答說：「如果非要布衣之士發怒，倒在地上的屍體雖只有 2 具，流血不過 5 步，但天下人都要穿上喪服，今天就可以這樣！」說罷，拔出寶劍，一躍而起，要用生命和膽識捍衛自己和國家的尊嚴。

至此，秦始皇明白了布衣之怒不可小看，他慌了手腳，急忙答應唐雎的條件。

唐雎在面對強大的敵人時，不但用爭鋒相對的言辭，而且用行動證明自己與對方同歸於盡的決心，因此，把驕橫一時的秦王氣焰也壓下去了。

不僅在事關國家利益的談判中，即便在現實生活裡，用這種方法對付那些飛揚跋扈、蠻橫不講理的人，也很有效。如果遇到一些仗勢欺人、傷害別人的人，我們切忌膽小懦弱，委曲求全，而要拿出勇氣，用巧妙的語言對他依仗的「資本」進行有力的抨擊。只要相信自己，勇於面對，針鋒相對，言辭犀利地還擊對方，我們也可以以弱勝強。當然，壓制對方的氣勢並不是為了把對方趕盡殺絕，而是為了駁斥對方不正當的要求，更能維護自己的利益。

第 7 章　談判口才，氣勢取勝

需要注意的是，談判畢竟不是戰場，在講究雙贏的時代，不論是商務談判，還是人際關係之間平息糾紛的談判，在語言表達上都要婉轉一些。在反駁對方的時候，可以使用這樣的表達方式：「是的，但……」；「沒錯，其實從另外一方面看來……」；「是的，但是兩者對比起來，我個人認為……」等轉折句，先同意對方的觀點，再闡明自己的立場。這樣會讓對方感到你是尊重他的，從而平心靜氣地聽你陳述自己的觀點。如果你有理有據，就可以把對方的氣勢壓下去。

要說得讓對方開不了口

不論在談判桌上，還是在生活中，總會碰到蠻橫、不講理的人，或是盛氣凌人者。面對這類頑劣之徒，不辯不行，辯又難以理喻。怎麼辦？此時此刻，聰明的語言大師們總是兵來將擋，水來土掩，巧妙地將語言組合成一串串威力無比的炸彈，向論敵掀起更大、更有力的進攻，逼敵退卻或使其遭受挫折。

要說得對方啞口無言，可以以其人之道，還治其人之身，利用揭對方之短的方法來遏制對方的猖狂進攻。因為對方本來就是無理取鬧、無中生有，他們的論點和論據都是站不住腳的。因此，以子之矛，攻子之盾，就可以揭穿他們的把戲。

在一次有關甲國進口乙國汽車的品質問題談判中，兩國雙方可謂兵對兵，將對將。

談判起初，甲國對全國各地這種汽車損壞的情況做了簡單介紹。但是，乙國代表卻避重就輕地說：「只是偶有車子輪胎炸裂，車架有裂痕……」。

對此，甲國代表寸土不讓。他們立即拿出在現場拍的照片說：「先生，這難道是裂痕嗎？」隨手又拿出一疊事先準備好的照片給對方看。「請不要用『偶有』和『一些』等模糊概念，我們用比例數字來證實，這樣才會更準確，更科學。」甲國代表接著說。

乙國代表在一系列事實真相面前，無法反駁，連忙改口說：「請原諒，我們並沒有對此做準確統計。」企圖用沒有準確的數字來降低賠償的損失。

甲國代表步步緊逼，不給對方一絲緩衝的餘地：「沒關係，那就請看我方所做的統計數字和比例數字吧！貴公司可以對此進行進一步核對。」並且拿出商檢證書說：「這是商檢公證機關的公證結論，還有商檢時拍攝的影片，請過目。」

乙國沒想到甲國對談判居然做出如此精確的數字統計，還有專門機構的公證結論，對此感到驚訝。最後，在大量證據面前，乙國不得不承認他們生產的汽車確實存在嚴重的品質問題。

第 7 章　談判口才，氣勢取勝

　　在這種情況下，甲國代表向乙國代表說：「汽車存在品質問題，這無可厚非，我方建議你方給我們一個合理的索賠數目。」

　　可是，在談到索賠金額等問題時，乙國總是用「大約」、「大概」等模糊的概念。對此，甲國代表明確地反駁說：「你方提出的條件中有許多模糊性語言，如『大約』、『大概』等，針對這個問題，你方應做明確的表示。」

　　對甲國代表有理有據的反駁和指責，乙國代表啞口無言。最後，經過雙方的磋商，終於達成一致的賠償費用。甲國受損客戶的利益得到了維護。

　　其實，不論是在商務談判，還是在日常與人的交往中，有些人總想狡辯、抵賴、占盡上風，試圖讓他人難堪。對這些人沒必要客氣，要以牙還牙地還擊，要說得讓對方開不了口，毫無招架之力。

　　總之，在談判過程中，「生意沒有成交，就是你沒有練成好口才，沒有把話說好」。這一點也不誇張，生意場上就是這樣，買賣能否成交，關鍵在於是否說好、是否問好。只有說好了、問好了，你才能夠占據主動，促成談判。

適時擾亂視聽

生活中，人們最討厭那些攪局的人，認為他們純屬搗亂。那麼，這些搗亂的人想要的是什麼呢？他們有獲勝的把握嗎？其實，獲不獲勝對他們來說意義並不大，他們的真正目的也不是為了獲勝，當然，能獲勝最好。他們之所以攪局，是要告訴眾人，他們不是好惹的，且要讓壓制他們的人，落得一個恃強凌弱的罪名，從而混淆眾人的視聽，這才是他們真正的目的。

當然，在表現他們的委屈時，他們會有意放大自己的情緒，也會對支持對方的人橫加指責或施以威脅，來表現自己激憤的情緒。當不明真相的人們向他們表示同情時，他們就獲得了生存下來的機會。

在企業面臨更強勢的企業兼併時，有些反對兼併的人也常用這種方法。美國石油大亨哈特雷就是用此計保住了自己的企業。

哈特雷是美國某公司的總裁，此人決策遲鈍，動作遲緩。1980年代初期，石油公司在現代管理改革的衝擊下數量銳減，哈特雷的公司也隨時面臨被併購的危險。

有次，哈特雷與另一家大石油公司總裁皮根斯相遇，2人言語不和，發生矛盾。因此，哈特雷日日都在提防對手兼併自己的公司。果然，1985年2月，皮根斯開始發起「戰

役」，對小的石油公司實施兼併計畫。雖然哈特雷與皮根斯相比，實力懸殊，哈特雷獲勝的希望很小，但是他絕對不能束手待斃，看著自己辛辛苦苦打下的江山成為他人的盤中飧，因此他迅速聘請了一些金融界和法律界人士，打響了對皮根斯的自衛還擊戰。

當他打聽到自己公司的開戶銀行給了皮根斯一筆巨額資金後，哈特雷氣勢洶洶地闖進銀行，與銀行總裁開始了一場脣槍舌劍的談判。

哈特雷開口就問道：「你們是否貸款給皮根斯？」

「這是正常的商業貸款，我們銀行面對的是各種客戶，不可能只有你們一家。」

「這些道理我明白。可是，皮根斯要用這筆錢收購我的公司。你們居然把貸款分發給 2 個要一搏勝負的拳擊手，而且會資助本來就強大的一方，什麼意思？不只是挑撥離間，還盼望我們破產，成為他人的盤中飧呢！」

說完這些，哈特雷還有意蠻纏。他接著又要求銀行以後不僅不能貸款給皮根斯，還要把已經貸給皮根斯的鉅款全部收回。對這些非分要求，銀行總裁當然不會答應。可是，哈特雷絕不讓步，他像下最後通牒般告訴銀行總裁說：「那好，我們就法庭上見！」

此時的哈特雷明知自己的理由站不住腳，但為了擾亂公

眾視聽，有意給銀行和皮根斯製造混亂，讓皮根斯好夢難成，他毫不猶豫地將銀行告上了法庭。當然這些指控是不成立的，但卻在民眾裡引起了很大的震動。在人們眼中，皮根斯是乘人之危，倚強凌弱；銀行也成為「勢利眼」的象徵。因此，哈特雷此舉讓銀行不得不慎重考慮是否貸款給皮根斯。而皮根斯呢？因為企業的形象受到影響，不得不撤銷收購哈特雷公司的計畫。他們可不想撞上此時民憤的槍口上。

此時哈特雷雖然達到目的，但是他並沒有甘休，而是無所畏懼地和皮根斯展開了面對面的談判。他聲嘶力竭地威脅皮根斯說：「我永遠都不會同意你的兼併，你敢動用一半資金發起攻擊，我就下令我的公司舉債購買自己的股票。雖然這些在法律上講不通，但我要向全國宣布我要和你同歸於盡的舉動！一旦我失敗，你將面對一個美國企業自殺的英雄！」

哈特雷就是勇於玉石俱碎。他滿臉的怒氣就像隨時要引爆的導火線一樣。他這種聞所未聞的舉動，讓美國工業界和金融界都相當震驚。皮根斯可不願當一個逼死英雄的人，他對哈特雷這種軟硬不吃的人竟毫無方法。

哈特雷不僅表現得大義凜然，還動用他的銀行、法律、公關，頻頻向企業所在的州政府和高級法院的法官施加壓力。理由是州政府有義務，運用對企業有利的法律來保住公

司，那樣，保住的不僅是州政府的聲譽，還有本州的財政收入。最後，哈特雷終於透過向各方施加壓力，避免了公司被對手吞併的命運。

　　哈特雷能夠以小勝大的妙招就是使出渾身解數擾亂視聽，不斷給對手製造麻煩，從心理上干擾對手，把對手弄得非常被動。看起來毫無獲勝希望的他，居然保存了實力，不能不令人佩服。這就是混淆視聽的威力，不但讓對方不敢小看自己，且讓輿論也偏向自己這邊。

▌讓對方主動退出僵局

　　在談判中，雙方為了利益之爭，常常會出現談不攏的局面，稱之為僵局。此時，如何打破僵局呢？ —— 可以不按常理出牌，讓對方主動退出。這一點，古人早就用過。

　　東漢末年太史慈在郡裡擔任屬官時，一次，郡裡和州裡發生了爭執，於是分別上奏章分辯。當然，先入為主，誰的奏章先到達京城洛陽，就對誰有利。

　　當時，州裡的奏章已派人送出，郡裡怕自己落後，選太史慈火速趕往京城。於是，太史慈日夜兼程、快馬加鞭趕到洛陽，提前上報了奏章。

　　可是，就在他要返回時，看到州裡上報奏章的官員也趕到了。州裡的奏章當然會找理由替他們開脫，於是，太史慈

走上前裝好心地對州裡的官員說：「你的奏章在哪裡？我看看是不是合乎規範啊！別把題頭落款寫錯了。」

　　州裡的官員一聽，覺得太史慈這話也有理。他已經提前上報奏章，肯定比自己在行，於是，沒有思索，就把奏章給了太史慈。可是，太史慈接過奏章後，3下、2下撕碎了。這下子，州裡的官員大吃一驚，拉住太史慈，非要他賠奏章。可是，太史慈卻反咬一口說：「奏章是你給我的。假如你不給我，我也沒有機會把它撕了。」州裡的官員雖然啞口無言，但是並沒有甘休，局面就這樣僵持著。

　　此時，為了讓州裡的官員主動退出僵持的局面，太史慈接著向對方言明利益道：「不過你不用驚慌。反正這件事也沒有其他人知道，不如我們現在悄悄離開。你回去後就說奏章已經送到，我肯定不會告發你。再說，萬一有什麼意外，是禍是福，我和你一起承受，絕對不會逃避。」

　　事已至此，就算打死太史慈也沒用啊！州裡的官員想想，太史慈說的也有道理，於是就和太史慈一起悄悄地回去了。就這樣，郡裡送的奏章終於被批准。州裡認為自己的奏章沒有產生作用，也沒有追究。

　　在人們看來，太史慈不按常理出牌，撕毀對方的奏章，對方豈會跟他善罷甘休？可是，太史慈站在對方的角度考慮，為對方言明利害關係，竟然把競爭對手變成了同盟軍。

第7章 談判口才，氣勢取勝

　　也許你會說太史慈是在詭辯。是的，詭辯也是一門特殊的語言藝術，是非程式化的語言技巧。它的主要特點是隨意、不受特定的語言環境所制約。正因為詭辯是不按常理出牌，令對方聞所未聞，因此，具有很強的殺傷力。當然，詭辯的最大功用在於，在對方自鳴得意時來個猝不及防的打擊，以擾亂對方的思辨系統，打亂對方志在必得的計畫。因此，無論在談判或在辯論中，都可以臨場即興發揮自己的「邪說」。當然，這種看起來隨心所欲的詭辯口才，也依賴於人的思辨、智謀和語言駕馭能力，因此，詭辯者應該都反應敏捷、思路暢達、推理縝密、風趣幽默，這樣才能顯示詭辯口才的靈活度和實用性。

　　儘管詭辯口才有如此奇效，但我們並不提倡詭辯方法的隨意運用，那樣會因詭辯的濫用而使辯論顯得蒼白無力，令人乏味。

　　而且，即便自己詭辯獲勝後，也要與競爭對手言明合作的重要性，畢竟談判是為了合作，需要對方的配合，因此，明智的做法是向對方言明合作與不合作中他們的利益得失，這樣，對方自然會做出有利於自己的選擇，主動退出僵局。

善用「最後通牒」的威力

「最後通牒」源於拉丁語，音譯為「哀的美敦書」（ulti-matum），意思是談判破裂前「最後的話」，一般是指一國就某個問題用書面通知對方，限定在一定時間內接受其條件，否則就採取某種強制措施，包括使用武力、斷交、封鎖、抵制等等。當對方猶豫不決或久拖不決的時候，這種恐嚇的方式有時能產生震懾對方的作用。特別是對那些沒有經驗的談判人員來說，最後通牒是非常有力的施壓方式。

最後通牒大致包括以下幾種：

善用時間壓力進行談判

在商務談判中，時間可以成為一種無形的壓力。在時間的壓力下，對手經常會做出他們本不願意的讓步，也經常會出現不應該犯的錯誤。因此，談判雙方都會考慮如何才能更有效地利用時間，獲得談判優勢。

在商場，經常有這樣的顧客，明明看中一款衣服，就是下不了決心購買，此時，你可以告訴對方，「我們商店就要關門了，如果你今天不買，明天也許就會被別的顧客買走了。」如果是離商店很遠的顧客，為了一件衣服，明天還要浪費時間，那他就會早點下決定。

而在大型的商務談判中，使用時間壓力往往會打亂對方

的計畫，讓他們忙中出錯。例如，你可以先麻痺對方，告訴
他們時間充裕得很，然後使用拖延戰術，讓對方盡情遊玩享
受。最後，對方感到鬆懈或疲勞時，告訴對方明天就要進入
正題談判。這樣對方毫無準備，難免倉促應戰。

　　當然，這一切是以你掌握主動權為前提。

▌告訴對方貨物有限

　　如果對方認為你的貨物很多，而且時間也充足，談判拖
延幾天也沒問題。你可以明確告訴對方，貨物有限，沒剩下
多少了。這樣對方也會早做決定。

▌告訴對方不快速做決定的後果

　　有時讓對方感覺到時間壓力，並不能促使對方早做決
定，特別是對方對你的貨物要或不要都可以的話。這時，你
可以告訴對方不快速做決定的後果。

　　艾柯卡（Lido Anthony Iacocca）在接手面臨困境的克萊斯
勒公司時，為了挽救公司，採取降低工人薪資的措施，對此
工會強烈反對，雙方為此進行長達一年的談判。

　　眼看談判毫無進展，一個冬天的晚上，艾柯卡找到工會
的負責人，對他說：「現在，我給你們 8 小時的考慮時間。
希望你們明天早上能做出最後的決定。」為了讓工會的人在
限定時間內確實做出決定，艾柯卡又強調：「如果事情沒有

變化，我將宣布公司破產。」

　　這個通牒對工人來說，好像炸彈一樣。如果公司破產，連基本的薪資都無法保證，何談提高薪資呢？因此，工會接受了艾柯卡的條件。

　　不論使用何種方式，最後通牒都不是故意嚇唬對方，讓對方害怕，而是為了促成談判早出結果。如果只是為了虛張聲勢嚇唬對方，那麼，你們之間也就只是一次性的買賣，以後就沒有合作的可能了。

　　最後，還要注意選擇最後通牒的時間。如果最後通牒過早，對方會不理不睬，甚至認為你沒有誠意和善意，他們可以另選其他商家合作。因此最後通牒要選擇己方談判條件成熟且最易達到己方談判目標的時間。當然，如果能選擇雙方互利的時間是最好不過了。因為此時，談判雙方的談判條件均已成熟。而且對方經過對談判者的觀察思索，最後鎖定了適合自己的目標，對方的時間也不多，他們的購買欲望也容易被啟動，只是希望對方能降低價格。此時，如果你不想在價格上讓步，那麼就可以使用最後通牒這一招。在這時間使用最後通牒最易獲取成效，實現談判的目標。

　　當然，因為是通牒，而且是最後，所以，要態度堅決，語氣有力，氣勢如虹，這樣才能展現出你不可動搖的決心，讓對方有不容置疑的感覺。

第 7 章　談判口才，氣勢取勝

第 8 章
行銷，關鍵要說動客戶的心

第 8 章 　行銷，關鍵要說動客戶的心

在所有的行業中，行銷是最難的，因為那要從別人口袋中掏出錢來，而且要讓別人心甘情願。可是，別人怎麼會把自己的錢心甘情願地放到你的口袋呢？此時就需要運用語言的魔力。

有公務機關的職員要到一個地處偏僻的鄉村做田野調查。第一次去的職員遭到民眾們的拒絕。為什麼呢？因為他們官本位意識太重，開口閉口都說這是政府安排的，你們應該配合我們等。這樣的言語，讓當地民眾感到自己是被命令的，因此產生反抗心理。

可是，第 2 次去的職員呢？他們見到當地的民眾後，熱情地說：「大哥大姐們，現在你們是農忙季節，本不想耽誤你們的工作，可是，我們這個調查和你們相關，是調查農用物資費用是否上漲等情況的。因此，麻煩您們可以抽出時間大力幫忙一下……謝謝您啦！」

這一番話說得民眾心裡暖呼呼的，而且話題和他們相關，他們當然不會再拒絕了。

由此可見，會說話與不會說話，給別人的感覺完全是不相同的，也會影響事情的結果。同樣，行銷口才不是強迫客戶購買，也不是對產品的妙處誇誇其談，而是要打動客戶的心。

三言兩語，拉近距離

1956 年，印尼總統蘇卡諾訪華時曾到某大學演講，當蘇卡諾總統登上演講臺時，聽眾的秩序一度有點混亂。這種情況當然也影響了會場的氣氛。

此時，蘇卡諾總統鎮靜地環視了一下會場，說了 2 句演講內容之外的話：「我請諸君向前移動幾步，我願意更靠近你們。」學生們聽到這樣親切的話語，頓時活躍起來，很快向前移動了 2 步。

接著蘇卡諾總統又說：「我請諸君笑一笑，因為我們面臨著一個光輝的未來。」學生們輕鬆地笑了起來，原來混亂和緊張的會場氣氛，頓時變得十分輕鬆和諧。

在這裡，蘇卡諾僅用 2 句話就縮短了他與學生之間的心理距離，展現了一位老練的政治家所具有的高超語言水準。

在我們和客戶的交往中，雙方也存在著一定的心理距離。心理距離越大，對雙方的溝通和理解影響越大。因此，在交往中，也應像蘇卡諾總統那樣，用親近巧妙的話語來縮短雙方的心理距離。只有讓客戶先從心理上認可你，他才會傾聽你介紹產品，進一步和你溝通互動。

如果和客戶是初次來往，要拉近和他們的距離，就需要在短時間內用三言兩語讓客戶認可你。既然時間緊湊，就需要話語簡練，表達得體。

第8章 行銷，關鍵要說動客戶的心

一般來說，業務員常常採用以下幾種方式和客戶拉近距離。

▍攀親託熟

對一個素不相識者，如果能在初次交往時及時拉上這層關係，就能一下子縮短心理距離，使對方產生親切感。當然，這種攀親託熟也許是雙方確實存在、或明或隱、或近或遠的親友關係，也許就是隨機應變，隨口而出的。

在《三國演義》中，魯肅跟諸葛亮初次見面時的第一句話是，「我是你哥哥諸葛瑾的好朋友。」就憑這句話，就使交談雙方心心相印，為孫權跟劉備結盟，共同抗擊曹操打下了基礎。

當然，你和客戶相距十萬八千里，在親情上是八竿子打不著的。因此，這種攀親就要巧妙地找到第三者。只要第三者與你有一定的關聯，你就可以攀上，而不至於牽強附會了。

比如，在1984年美國雷根總統訪問上海復旦大學時，雷根面對初次見面的復旦學生，就緊緊抓住彼此之間是「朋友」的關係，拉近了距離。他是這樣開場的：「其實，我和你們學校有著密切的關係。你們的謝希德校長跟我的夫人南西（Nancy Davis Reagan），是美國史密斯學院的校友。這樣看來，我不僅和你們的校長，也和各位都是朋友了！」

短短的 2 句話，瞬間就讓復旦學生把這位初次見面的總統當成了十分親近的朋友。

當然，業務員交往的客戶千千萬萬，不可能都找到如此湊巧的關係。如果你和對方，甚至對方的親戚間，都沒有什麼可以掛上關係的，也可從姓氏、外貌特徵等方面來攀附一番。比如，你和客戶姓氏相同，就可以驚喜地說：「哇！原來我們算是一家子，自己人就不見外了。」

再如，你和客戶的長相或體態上有點相似，也可以借機拉近距離。你可以這樣說：「你看我們兩人連長相都相似，真是有緣啊！」這樣說，也會瞬間縮短雙方心理上的距離感。

表達友情

除了攀親託熟外，你還可以用三言兩語、恰到好處地表達你對客戶的友好情誼，或肯定其成就，或讚揚其特質，這些言語都會在頃刻間暖其心田，使對方有一見如故、欣逢知己之感。如某業務員拜訪一位廠長時，看到他愛好書法，就由衷地誇了幾句，於是這位廠長把他視為知己一樣。

還有一種情況是，當你去拜訪約好的客戶時，他們的生活突然遭到意外變故。如果客戶不幸遇到生活的打擊，此時可以先表達對其處境的同情、心情的理解等，這樣客戶也會有他鄉遇故知、雪中送炭的溫暖感覺。

第 8 章　行銷，關鍵要說動客戶的心

在美國愛荷華州某市的電臺，有一個很受歡迎的服務專案 —— 全天候電話聊天。這個節目的推出，滿足了那些孤單寂寞者傾訴的願望。當然，最令他們感到溫暖的是主持人開頭的第一句話：「今天我也和你一樣感到孤獨、寂寞、淒涼。」這句話表達的是對他們的充分理解之情，因而讓他們產生了強烈的共鳴，他們忍不住要向這位理解自己的朋友傾訴。

▍風趣助興

除了以上在親情、友情和客戶拉近心理距離外，如果短時間內能用風趣活潑的話語解除客戶的防衛心理，這也是一種很好的交際藝術。

一位推銷鋼材的業務員，去拜訪某房地產公司的主管前，得知這位主管姓龐，因此在見面時，他親切地握住對方的手說：「你負責這麼龐大的工程，真是名副其實啊！肯定不會辜負厚望。」一句話把該主管說得臉上笑開了花。

不論運用何種方式，如果能夠讓相距十萬八千里、初次交往的客戶，與你一見如故，這是成功推銷的理想境界。無論是誰，如果具有這種本領，能迅速縮短彼此之間的心理距離，就會朋友遍天下，做生意也就會左右逢源。

找到客戶最關心的問題

很多業務員常見的問題，就是與客戶見面時，一開口就談產品，完全不顧客戶的需求而大談特談。儘管你說得天花亂墜，那也是自說自話，不能打動客戶，因為你沒有關心客戶的需求。客戶最關心的是什麼？是產品的品質還是價位？款式還是功能？如果客戶關心的是價格，你總是介紹產品品質如何優良、款式怎樣新穎，就不會打動客戶的心。因此，要打動客戶，就要找到客戶的真正需求，在他們最關心的問題上下工夫。

在春節快到時，一家服裝店走進 3 位顧客。走在前面的是一位年近 50 歲的中年婦女，後面跟著的是一對年輕男女，一看就是未來的婆婆為媳婦來買衣服了。

銷售人員看到中年婦女直往服裝而來，急忙熱情地打招呼：「三位，今天想買點什麼，我們的貨都是新上架的。」

「我只出意見，他們買。他們馬上要結婚了，把他們打扮得漂漂亮亮的。」中年婦女爽快地說。

銷售人員一聽，急忙拿出新到的服裝說：「這幾件都是今年的最新款式，我們是剛到貨，這裡獨家。這位小姐穿上一定很合適。」

女孩接過衣服，面露喜色。她目不轉睛地盯著這款樣式新穎的羽絨衣，喜出望外。可是那位中年婦女卻不出聲。她

反覆撫摸著衣服說道：「這種材質結實嗎？我們鄉下人可比不上你們都市人。每天都要工作，衣服要實穿。」

可是，銷售人員沒有聽出中年婦女是嫌價格太高，還是只顧著介紹這種款式。但是，那位中年婦女的眼光離開這裡，停留在 1,000 元左右的衣服上了。

這時，銷售人員才明白：財政大權在中年婦女手裡。她想花少一點錢，買件物美價廉的。於是，銷售人員急忙改換口氣說：「小姐，您看中的那件羽絨衣，款式雖然好，但是顏色太深了，不太適合您穿。您看看這件喜不喜歡？」她邊說，邊找出一件價格為 1,200 元的短版羽絨衣。「這件衣服也是今年的新款，品質也不錯，穿上去有俐落感，而且也不會影響活動。」

結果，女孩試穿後覺得還可以，中年婦女也眉開眼笑，高高興興付了錢。

在上面這個案例中，雖然都是前來購物的客戶，但是不同的客戶有不同的消費心理。女孩看重款式，可是婆婆看中的是價位。即便商品品質再好、款式再流行，如果價位不能讓她滿意，一切都會告吹。因為她有自己的消費承受能力。這時，要讓她們都滿意，就得找到一個折衷的方案。因此，在行銷中，要處處站在顧客的角度替他們考慮，不要只考慮自己的賣點，更要考慮顧客的買點。如果你能在他們最關心

的問題上下點工夫,那就離成功不遠了。

一般來說,客戶最關心的是利益。人類的本性就是「無利而不往」,有利益才會產生需求,有需求才會發生購買。而價位直接和客戶的利益相關,他付出的多,他的物質利益就會受到損害,焉能不關心?

當然,消費者層級不同,購買力不同,客戶對商品關注的利益層面也不同。一般來說,購買力低的客戶較看重物質利益,購買力高的客戶會看重商品帶來的地位和榮譽感等精神利益,以及是否能長期受益等這些問題。因此,從顧客的這些利益關注點著手,就能吸引他們的注意力。

一位推銷汽車防凍劑的業務員得知運輸公司汽車養護和修理費用很大,他為老闆算了一筆詳細的財務帳:如果一罐劣質防凍劑 250 元的話,最多可用 1 個月,半年需要 1,500 元,100 輛車半年需要 15 萬元,還不算腐蝕水箱的損失。而品質過關的防凍劑雖然 400 元一罐,但是可以用 2 個月,100 輛車半年只需 12 萬元,不但可以節省 3,000 元,而且可以保證不會腐蝕水箱。

老闆一聽,心裡更明白了。權衡利益後,他訂購了這位業務員的防凍劑。

對那些功成名就,或已到中年,甚至步入老年的人來說,他們最關心的是自己的生活和身體健康,因此,要從這

方面打動他們。

　　在美國，一位投資者阿貝爾看好一家《食品》雜誌，準備將其收購。可是，該雜誌的擁有者哥德堡恃才傲物，他對非業內人士向來不相信。阿貝爾磨破了嘴皮也未能如願。於是，阿貝爾找到了著名的商務談判代理人傑勒德。

　　傑勒德沒有先嘗試去說服哥德堡，而是先調查哥德堡。他透過一些途徑的調查了解到，哥德堡已年過 50 歲，早已失去創業者所特有的銳氣，也不願再面對各種風險，只關注家庭和親情這些方面。因此，當傑勒德見到哥德堡後說：「投資家阿貝爾先生雖然對雜誌的編輯出版業務不太熟悉，但非常欽佩貴雜誌編輯的卓著才華。為了讓您這樣一個充滿才華的人生活得更加美好幸福，他甘願為您提供方便。如果您與一個欣賞您才華的人合作，我想您生活品質也會發生一些變化。」

　　這番話既有對哥德堡的讚美，又說到了哥德堡的心裡，因為他最關心的就是自己的生活，因此，雙方很快約定好正式會談的時間和地點。

　　傑勒德雖然比不上阿貝爾財大氣粗，但他卻完成了阿貝爾沒有辦成的事，就是因為他找到了哥德堡最關心的問題。所以在行銷時，一定要找出消費者最關心的話題，不論是物質利益，還是精神利益，這樣才能激發他們的購買慾。

開場白要激起客戶的好奇心

在競爭日益激烈的今天，每一位客戶都非常繁忙，一旦對你的話題不感興趣，他就會對產品及業務員本人也失去興趣，因此，推銷員能否在短時間內喚起客戶的好奇心，開場白能否吸引客戶是關鍵。如果這關你順利通過了，就可以轉入介紹商品階段。

抓住最初的 3 分鐘

1960 年代，美國有一位非常成功的銷售員喬‧吉拉德（Joe Girard）。他有個非常有趣的綽號，叫作「花招先生」。他拜訪客戶時，會把一個 3 分鐘的蛋形計時器放在桌上，開口說：「請您給我 3 分鐘，3 分鐘一過，當最後一粒沙穿過玻璃瓶之後，如果您不希望我再繼續講下去，我就離開。」

客戶覺得很好奇，3 分鐘時間也不算長，倒要看看他用什麼花樣說服自己。這一招無疑使客戶的注意力集中於他那些蛋形計時器、鬧鐘之類的小玩意上面了，竟然忘記了時間，而耐心坐著聽他講話，以至於後來開始對他所賣的產品產生興趣。

可見，說話時輔以一些新奇的物品相配合，抓住最初的 3 分鐘，是吸引客戶的不錯方式。

▎ 出口驚人

　　為了接觸並吸引客戶的注意，有時，可用一句大膽陳述或強烈問句來開頭。有些銷售員就有這種出口驚人的本領。這時，客戶聽到他們非同尋常的話語，往往會感到意外和莫名其妙，在欲得知結果的好奇心驅使下，也會不知不覺地聽他們說下去。這樣，客戶對產品就有了進一步的了解。

　　一位人壽保險代理商一接近準客戶便問：「如果您坐在一艘正在下沉的小船上，您怎麼保證自己的生命不會受到傷害呢？」

　　這個令人好奇的話題，看似語出驚人，但是又在情理之中。愛好旅遊的人誰能保證自己有一天不會遇到意外事故呢？於是就引發了客戶的好奇心。接下來，人壽保險代理商闡明了這個思想，即人們必須在實際需求出現之前投保，改變了客戶對保險的淡漠和偏見，激發了他們的購買欲望。

　　再如，財產保險行銷員這樣對客戶說：「一年只花幾塊錢就可以防止火災、水災和失竊，您相信嗎？」當對方無以應對，但又表現出很想知道答案的樣子時，推銷員及時補上一句：「我這裡有 20 多種保險類型可以幫您達到這種目的，您有興趣我可以幫您介紹一下。」

問出你的水準來

一般來說，人們都樂於回答問題，卻不擅提出問題。而銷售員要做一個善於提問題的人，並透過巧妙的設問，來發現自己的潛在客戶。

美國某圖書公司的一位女推銷員在拜訪客戶時，總是用看似漫不經心的提問方式來接近他們。

比如，她在敲開客戶的門，簡單介紹自己後，會及時地這樣插話：「如果我送您一小套有關個人效率的書籍，您打開書發現內容有趣，您會讀一讀嗎？」

這種情況下，很少有人會做出否定回答。當客戶做出肯定回答後，她接著問：「如果您讀了之後非常喜歡這套書，您會買下嗎？」這個問題，一般客戶會考慮一下，不會馬上回答。可是，緊接著，她又問道：「如果您沒有發現其中的樂趣，您把書重新塞進這個包包寄回來給我可以嗎？」

天啊！這不是浪費人的時間嗎？既然書都看完了，即便不如意，誰有時間或誰會好意思再寄回去一本舊書呢？

在這種情況下，無論是否對書感興趣，許多人都會答應買她的書看看，也許真的有用。

這位女推銷員的開場白簡單明瞭，而且這種精心設計好的兩難選擇，讓客戶幾乎找不到說「不」的理由。可見，如果你懂得發問的藝術，也可以打動客戶。

第 8 章　行銷，關鍵要說動客戶的心

▌應對閉門羹的開場白

　　有時候，當人們聽到是推銷員上門時，往往報以不友好的態度，故意告知「老闆不在」、「我們不需要」、「沒時間」等。此時，可以用下面這種開場白應對：「我知道您在這裡可以當家做主，可是我可不可以找老闆談一下？也許他的看法和您不一樣。」這麼說，對方也不好拒絕。

　　「我們的產品剛剛在隔壁公司試過了，他們建議我順道過來找您們。他們覺得這種產品能對貴公司有所幫助，就像對他們公司一樣。」既然是鄰居介紹的，客戶總不會不給面子。

　　「我剛在車上煎了一顆蛋，不知道您們這裡有沒有鹽和胡椒？」或者「打擾了，我需要用一下您們的電話或喝口水」等。這種方式看似是藉口，其實也許是事實。一般來說，這些小小的請求是不會遭到對方拒絕的，因為他們付出的只是舉手之勞。

　　等你達到目的後，可以告訴對方：「為了感謝您的好意，我現在免費為您表演一個節目。」此時，你可以抓住機會露一手，展示你的產品或為對方解決某些難纏的問題，這樣也可以引起對方的好奇。

　　總之，銷售員就像演員一樣，客戶就是你的觀眾。你出場後就要馬上透過精彩表演來吸引客戶，不論是賣關子，還是故弄玄虛，都要達到你的目的。

把話說進客戶的心坎裡

一般來說，當銷售員花了 30 秒的時間說完開場白後，最佳的結果是客戶問你是做什麼的？哪個廠商的？當客戶問這些問題時，就表示他們已經對你的產品感興趣了。可是，如果你花了 30 秒的時間說完開場白，客戶仍然沒有興趣，那就表示你的開場白是無效的，你所說的只不過是一籮筐廢話。因此，你需要轉換策略，要把話說到客戶的心坎裡，正中客戶的下懷，那麼，他們在短時間內才會認同你、接受你。

一位從事服裝銷售的老闆，曾有過這樣一段經歷：

某天，一位年輕貌美的女孩到他店裡來選購衣服。經過一番挑選後，女孩選中了一件款式時尚的韓版外套。老闆及時誇獎道：「妳真有眼光，這款衣服是店裡賣得最好的，人見人愛。」這還不夠，他看女孩選好衣服在鏡子前比來比去，為了催促女孩下決定，緊接著又說道：「像妳這種身材，跟明星一樣，穿上肯定養眼。妳看，我進的貨都賣出去了，就剩這一件了。」

可是女孩聽完這番話，原本放在手提袋中要掏錢的手馬上抽了出來，對老闆說：「不好意思，我帶的錢不夠，下次再來買吧！」老闆雖然不相信這是真話，但卻不明白女孩為什麼突然改變了主意。

這位老闆的失敗就在於沒有了解顧客的心理。他不明白

第8章　行銷，關鍵要說動客戶的心

現代年輕人，特別是追求時尚者，他們消費的目的，最重要的是想獲取心理上的滿足與愉悅。他們喜歡追求個性化、獨一無二、與眾不同的感覺。如果滿街都是和自己一樣的穿搭，他們想展示自己獨特的願望該如何實現呢？因此，這位老闆的話完全是多餘的。

既然商品要銷售給客戶，就要了解客戶的心理，要站在他們的角度想一下。客戶為什麼要購買這個商品？這種功能的商品能帶給自己什麼好處？這種商品真的是最好的，其他商品都不可替代嗎？如果這3個問題都能讓客戶滿意，他們才會順利完成購買行為。在這方面，高明的行銷員懂得怎樣去打動客戶。

瓊斯是芝加哥一位在心臟病研究方面頗有造詣的人，而且他也熱心於公益活動。當時，美國國會正在就建立全國心臟病基金會的可能性進行調查，要求瓊斯到會作證，而且他被告知，參加會議的都是政界議員。

當瓊斯帶著準備好的發言資料出席聽證會時，他發現自己被安排在第6個發言作證，前5名都是著名專家。然而，瓊斯看出，缺乏醫學專業知識的議員們，對專家們高深的演講仍半信半疑，很明顯，這些人雖然不懂什麼醫學知識，但是要說服他們支持且參加基金會也不容易。

輪到瓊斯發言了，他決定不用發言稿了。他走到議員們

的面前，對他們說：「先生們，剛才那幾位傑出人物已向你們提供了所有的事實和論據，而我在這裡，則要為你們的切身利益向你們呼籲。你們是美國的優秀分子，肩負重大責任，你們日夜為國家嘔心瀝血，工作十分緊張和辛苦。你們正值英年，事業的頂峰。正因為如此，為了你們家庭中時常祈禱你們安康的妻子和兒女，為了千千萬萬把你們送進這個大廳的選民們，我呼喚懇請你們對這個議案投贊成票！」

　　就這樣，前面幾位專家們長篇大論的發言都沒有解決的問題，瓊斯只用了3分鐘，議員們就被徹底地征服。不久，全國心臟病基金會就由政府創辦了。這是為什麼呢？

　　瓊斯演說成功的關鍵，就是把話說到大家的心坎裡。因為這些正值英年、事業蓬勃發展的議員們，最擔心自己的身體健康，最不願讓家人為自己擔憂。因此，瓊斯在演說中不僅指出心臟病對議員們本身的威脅，也指出議員們這麼做可以使惦記他們的家人得到安慰。既然這樣做是為了大家的身體健康，誰能拒絕呢？

　　要把話說到客戶的心坎裡，首先要站在客戶的角度考慮，其次還需要對客戶有一定的了解，了解最困擾他們的是什麼？最令他們擔憂的是什麼？如果你的產品能夠幫助他們解決這些問題，他們當然求之不得。

第 8 章　行銷，關鍵要說動客戶的心

▌一句話的魔力

　　現實生活中，推銷員有時會陷入非常尷尬的境地。很多時候，任憑你說得口乾舌燥，客戶就是反應冷漠，三緘其口。像這種時刻，應該怎麼辦呢？最好的辦法就是，用一句具有魔力的話來改變糟糕的局面。千萬不要認為這不可能，有些推銷員已經做到了。

　　喬‧庫爾曼 29 歲那年，成為美國薪水最高的壽險推銷員之一。在 25 年的推銷生涯中，他銷售了 4 萬份壽險，平均每天 5 份，這使他成為美國的金牌推銷員。

　　庫爾曼的成功就是運用了「一句話的魔力」，來打開客戶緊閉的心扉。

　　一般來說，對於保險推銷，人們總是不太歡迎，雖然天有不測風雲，可是，如果別人向自己推銷保險，似乎還是意味著自己將會發生意外一樣。因此，庫爾曼也屢遭拒絕。

　　屢次失敗後，庫爾曼開始反思，怎樣才能得到客戶的認可，不會被拒之門外。終於，他發明了一個獨特的祕方，那就是「一句話的魔力」。每當他拜訪客戶時，總是以十分羨慕和尊敬的口氣說道：「我很想知道，您是怎麼開始您的事業的？」

　　就是這句話，庫爾曼發現，沒有任何人拒絕，而且他們還報以友好的微笑。此後，庫爾曼的境況開始改變了。他在

自己的傳記中寫道：「這句話似乎有很大的魔力，看看那些忙得不可開交的人吧！只要你提出那個問題，他們總是能擠出時間來跟你聊。」

「一句話的魔力」就好比神槍手射擊，直擊穴位，一下子就能解決問題。

當然，想把這句話說好，也要經過刻苦的訓練。就像神槍手需要練數 10 萬次扣扳機才能百發百中一樣，想掌握「一句話的魔力」，也需要練習抓關鍵的思考能力，及一語中的的表達能力。因為很多時候，客戶沒有時間，也沒有耐心聽銷售員說更多，如果遇到這種情況，你可以像庫爾曼那樣，說出那句有魔力的話。

還有一種情況是，客戶故意和你唱反調，反駁你。此時，要說動客戶，需要耐心、細心地聽客戶的意見，之後用一句有魔力的話改變客戶的思維。

有位廚房燃具的推銷員，為了讓消費者能直觀地感受到商品的魅力，索性在廣場上一邊演示其使用方法，一邊介紹其節省燃料的優點。

雖然推銷員賣力地表演，但是，圍觀的人並不認可，其中有位長者還大聲嚷嚷「產品再好我也不會買的！」但是，銷售員卻見怪不怪。他笑咪咪地從口袋裡摸出 1 塊錢，看著長者，把錢扔進了前面的水溝裡，問老先生：「您心不心疼？」

老先生聞言哈哈大笑：「你丟自己的錢，我心疼什麼？你全丟了我也不心疼。」

可是，推銷員卻笑咪咪地回答：「錯了，我丟的是您的錢。」

「可笑！」老先生認為這個人簡直不正常。可是他看推銷員的神情一本正經，有點不明所以。

這時，推銷員向他提了一個十分奇怪的問題：「看您的年齡，成家至少 20 年了吧！如果您當初採用這個燃具，每天可以節省 1 元。而您過去的 20 年中，不就等於往水裡丟了7,000 多元嗎？」

長者這才明白推銷員的用意，不由得張大了嘴巴。這時推銷員不失時機地說道：「在今後的歲月裡，難道您還要繼續丟錢嗎？」

機智的推銷員用這種方式讓老先生從堅決拒絕，到心悅誠服地買下了產品。

在這個案例中，推銷員一句有魔力的話就是「我丟的是您的錢」。老先生不了解，當然要聽下去，之後明白了道理，心服口服地接受了推銷員的建議。可見，一句有魔力的話可以吸引對方的注意力，從而讓他們能花時間對產品產生新的認知，進而認可你的產品。

注意你的表達方式

在一家服裝店，銷售人員對一位女士說：「妳老公現在這麼有地位，又有能力，妳的穿著和他的距離差太多了。妳總是這樣不愛打扮，早晚他會變心的。如果有一天他有了外遇，妳不後悔嗎？」

這種說話方式雖然是為客戶著想，但未免太傷人自尊了。這種表達方式不但會讓顧客厭惡，還會損害公司的形象。

行銷語言需要巧妙地表達，行銷人員更要注意自己的表達方式。

換個說法

同樣一個話題，如果你換個角度考慮，換個說法，說不定就會有不同的結果，客戶就更容易接受。

一個教跆拳道的老師對學生家長說：「下個禮拜開始，您孩子的學費要由一小時 500 元調到 600 元了。」

家長大吃一驚：「為什麼？一下子調高這麼多？」

「因為您孩子已經進入高級班，所以要照高級班收費。」老師說。

家長不高興的說：「什麼？他進高級班了？我怎麼覺得他沒有什麼長進呢？」

可是，如果老師高興地對家長說：「恭喜！恭喜！您的孩子刻苦鍛鍊，有很大的進步，現在可以進高級班了。」

「真的嗎？」家長笑道，「都是老師教得好。」

「哪裡的話！是您孩子資質不凡。不過，進入高級班，您需要多破費了，一小時需要增加 100 元。不過孩子有長進，也是我們共同的心願啊！」

相信這樣說，家長更容易接受。

在服務客戶時，也可以借鑑這種方法。先誇獎客戶使用產品的好處，之後再談價錢。

比如，一般銷售人員面對低等級的服裝，總是會抱怨：「這樣的服裝太俗氣了，怎麼能賣出去呢？」優秀的銷售人員可能會這樣告訴顧客：「這位太太您真有眼光，像這樣物美價廉的服裝，現在選購最划算了。」

▎委婉表達

比如面對較胖的顧客，不說「胖」而說「豐滿」；對膚色較黑的顧客，不說「黑」而說「膚色較深」；對想買低等級的顧客，不要說「這個便宜」，而要說「這個價錢很適中」。這些話不但中聽，且能讓顧客感受到你是尊重和理解他的。

▌表現出「大吃一驚」的神態

有些顧客是討價還價高手，對你的報價總會大砍特砍。遇到這種情況，你不妨「大吃一驚」，用誇張的語氣和表情表現你的不可思議。

「這位太太，雖然您購物經驗豐富，可是您的價格確實有點太離譜了。多虧我心理承受能力強。如果是個心臟病人，說不定真會發作呢！」

顧客看到你確實不好承受，就會適當收回他們的降價要求。

▌突出產品的尊貴

有時候，產品品質很好，價位也適中，但就是無法引起客戶的購買慾，怎麼辦？此時，不能千篇一律地枯燥介紹，可以巧妙地突出產品的尊貴。

在高爾基（Maxim Gorky）的《在人間》裡有段 2 家店鋪推銷聖像的情節：

一家店鋪的小學徒每天都在聲嘶力竭地向過往的行人介紹：「……各種都有，請隨便看看，價錢高低都有，貨品道地，顏色深淺，要訂做也可以，各種聖父聖母都可以畫……」但就是沒有人買。

相反，另一家店鋪門前，老闆是這樣介紹的：「我們的

買賣不比羊皮靴子，我們是替上帝當差，這當然比金銀珠寶貴，是無價之寶⋯⋯」結果，許多人都情不自禁地被吸引過去。

這是為什麼呢？

這家店鋪的老闆強調自己「是替上帝當差」，儘管價格可能會比另一家高，但是，人們感覺自己買到的是一種尊貴無比的地位，會心甘情願。

█ 風趣幽默

在一個市場，一位大姐急匆匆來到一堆番茄前，向年輕的女銷售員說道：「小姐多少錢一斤？」

因為她太心急，講話沒有停頓，周圍的顧客都笑了。女銷售員靈機一動，按照大姐的表達方式，回答了一句：「大姐一斤 20 元。」

這下子，周圍的顧客笑得更厲害了，大姐也意識到自己講話太快，不好意思地笑了。

有人形容說：「商業人員的口才，就像畫家手中描繪形象的畫筆。」的確，對銷售員來說，口才就是一件征服顧客的「利器」。銷售員的語言生動、形象、風趣幽默，不但會給顧客帶來好心情，而且容易使顧客對產品產生興趣，有助於產品的成功銷售。

讓你的聲音充滿熱情

聲音也會有傳染力，如果你的聲音充滿熱情，也會影響客戶對產品的取捨。如果你的聲音尖銳、刺耳、音調太高，或像在情人面前一樣肉麻，客戶可能會被嚇跑。

美國最大的電話公司──貝爾電話公司，共有 25 萬名接線生。發展初期，接線生都是 10 幾、20 幾歲的年輕人，他們說起話來粗聲大氣，令人受不了，公司業績一度走入低迷。

後來公司換了年輕女孩來擔任接線生的工作，並要求女孩們「帶著微笑的聲音去接電話」。結果，她們接線時態度和藹，聲音清楚，語氣親切，個個都彬彬有禮，深受廣大電話使用者的歡迎。

有些推銷員在介紹自己產品的過程中缺乏熱情，他們可能認為自己的產品品質好，並不需要很費勁地講解，這樣非但沒有贏得客戶，反而影響了自己在客戶心目中的形象。因此，推銷員一定要把自己的熱誠，透過語調恰如其分地傳遞給客戶。如果推銷員表現得很熱情，充滿活力，顧客的興趣也會隨之增加，他們會禮貌地回應你。

貝格特在這方面的作法值得我們借鑑。

有一天晚上，夜已經很深，貝格特突然從床上爬起來。

夫人問他：「半夜三更的，你起來做什麼？」

第8章 行銷，關鍵要說動客戶的心

貝格特說：「我還有一個重要的電話要打。」

夫人說：「床頭櫃上不是有電話嗎？」

貝格特說：「不，我不能這樣打。」說完，貝格特走到衣櫃旁，穿好襯衫，打上領帶，又把西裝穿好，很認真地照鏡子調整了一番。當貝格特覺得一切都很滿意了，才走到電話旁開始撥打電話。

電話打完以後，貝格特回到床上。

夫人把一切都看在眼裡，覺得很奇怪：「對方根本看不到你這身打扮，打個電話，何必多此一舉呢？」

貝格特很嚴肅地說：「對方是看不到，但是聽得見。如果有人躺在床上，懶洋洋地打電話給我，我心裡會產生對方不尊敬我的感覺。我不能讓客戶對我產生這種感覺。」

在彼此見不到的電話交談中，對方的心情和心理狀態只能靠聲音傳送。聲音的表達是自然而直接的，不論如何掩飾，雙方的心情和肢體語言，都能微妙地顯現在聲調中。如果你打電話時，一副心不甘、情不願的樣子，聲音自然沉悶凝重，會讓對方感到你心不在焉或不尊重他。因此，打電話時，即使對方看不見你，也要以愉悅的聲音和得體的姿勢表達熱情。貝格特半夜穿上西裝打電話，就是在自己心中，培養了對對方喜愛和尊敬的心理。

人都有一種習慣，就是透過聲音去描繪對方的外在形

象。一個溫和、友好、坦誠的聲音,無疑能使人放鬆,增加對你的信任感。因此,推銷員必須要用聲音塑造自己的形象,要在掌握多種語調的基礎上,練好使用「柔和」的語調進行推銷的本領,而且要注入自己的熱情,「帶著微笑的聲音」是最好的、也是最能感染人的。

第 8 章　行銷，關鍵要說動客戶的心

第 9 章
用甜言蜜語打動戀人

第 9 章　用甜言蜜語打動戀人

　　愛，需要我們用心去體會，用語言來表達。

　　不論是男人還是女人，在談戀愛時，都喜歡聽對方充滿柔情的甜言蜜語。甜言蜜語就是感情的催化劑。尤其是女人，更喜歡聽甜言蜜語。來自戀人的甜言蜜語，不僅能說明自己在他（她）心目中非常重要，而且這份特殊的溫暖和關愛，會讓他（她）感到很幸福。所以，千萬不要忘記對戀人多說甜言蜜語。

　　當然，甜言蜜語應是發自內心真摯感情的流露，那樣才能打動戀人的心。

▌善於表達你的愛

　　相信，每個人在朝氣蓬勃的青春時代，都曾有過美好的感情。只是，最終的感情歸屬卻不同。有些人有情人終成眷屬，有些人卻與美好的感情失之交臂，只能悄悄地埋在心底。如果要尋找原因的話，很可能與其不擅表達相關。

　　許多年前，在高 3 畢業班的一個早自習上，天濛濛亮，教室裡沒有開燈，所有同學的桌前都點著蠟燭，埋頭讀書學習。可是，有個漂亮的女孩卻不知所措，因為她實在聽不懂數學老師的課，當然作業也不會寫。這一切，被細心的後排男生看到了。不知什麼時候，他主動坐到女孩的身邊，幫她一一地分析解答試題，並輕聲鼓勵她說：「沒關係，只要妳

多做一些習題，慢慢就能找到竅門」。

　　10 分鐘課間休息，男孩不見蹤影。就在上課鈴聲響起時，男孩繞到女孩桌前，飛快地放下了一個東西。女孩低頭一看，那是男孩給她的數學筆記，全都是每節課的解題心得。而且扉頁上寫了一句鼓勵她的話：「只要敢征服，希望的曙光就會閃現。」

　　終於，在男孩的幫助下，女孩的數學獲得明顯的進步。當他們考進不同的大學後，女孩心中一直都抹不掉男孩的身影。高中自習課上那溫暖關切的話語，就如同初戀的味道一直溫暖著女孩的心。可是，個性內向的她，不好意思開口表達自己的感情。

　　最終，男孩成為另外一個女孩的丈夫。因為這個女孩很大膽，而且嘴巴很甜，讓這個離開家鄉、在異地上學的男孩，心中感到很溫暖。最終，他成為這個女人的「俘虜」。

　　而今，早已成家立業的男孩和女孩，在偶然的聚會中，雖然常常會一起回憶那段青春歲月和那些淡淡的甜蜜，可是，女孩的心中總有些遺憾。曾經，在那個點著蠟燭的清晨，已經悄悄種在女孩心裡愛的種子，就因女孩的不擅表達，便與她擦肩而過了。

　　雖然愛情是美好的，可是，如果總是「愛在心裡口難開」，總是自己一個人把這份感情深深地埋在心底，對方怎

第9章　用甜言蜜語打動戀人

能知道？所以，愛一個人就要大膽地表達，這樣才可以讓自己的人生少一些遺憾。

當然，要表達自己的感情，離不開甜言蜜語。甜言蜜語既可烘托熱戀的氣氛，也可推進愛情的進程。最重要的是，甜言蜜語可以打動戀人的心，讓戀人有一種滿足感、幸福感。

有的人可能不擅用言語表達愛，對愛慕的人說情話，會讓他們感覺很肉麻，那就不妨將想說的話寫成短訊，在通訊軟體發個訊息給對方，或留張小紙條。

有個性格非常內向的男孩，對一個女孩心儀已久，可是怎麼也無法開口，於是在某年的情人節那天，他送給女孩一份禮物，並用便利貼留言給她「相愛的人每天都是情人節！」這句話，讓女孩深受感動，並將這張紙貼在床頭，每天晚上，她都會看到這句話，感覺特別溫暖。結果，這一句情話，就成了他們愛情的潤滑劑，男孩最終心想事成。

愛情是心與心的碰撞，要撞擊出火花，就必須借助語言。因為愛情就是談出來的，語言在愛情裡具有非常重要的功用。如果你在戀愛中善於表達自己的愛，那麼一定會緊緊地「虜獲」對方的心。

初次約會輕鬆聊

有些人在初次約會時總會有幾分拘束，有幾分羞澀，怎樣才能如平日般落落大方，輕鬆和對方聊天呢？

聊對方感興趣的話題

一般情況下，初次約會聊天要以對方感興趣的話題為主，這也許是你戀愛成功的第一步。特別是女性，如果初次見面能談她關心、感興趣的話題，會讓她覺得你尊重她、關心她，非常善解人意。

因此，在見面前你應當盡可能地多了解一些她的興趣、愛好等，對交談有所準備。

在交談中了解對方的愛好

如果你沒有辦法事先了解對方的愛好，可以在交談中了解。

比如，在交談中，你可以問她「業餘時間妳喜歡做些什麼」，「平時都喜歡看哪方面的書」等。一旦你知道她的興趣，而對此你又比較熟悉，那你就可以抓住這個話題，以此來溝通相互間的感情。

小剛與女友的初次約會是在公園的長廊上，2人寒暄了幾句後就陷入了沉默。

第 9 章　用甜言蜜語打動戀人

　　小剛覺得這種沉悶的氣氛簡直讓人窒息，怎樣才能打破僵局呢？突然，小剛瞥見女友的鞋子款式很別致，就說：「哇，妳這雙鞋子好漂亮啊！在哪裡買的？」

　　女友一聽，頓時眼睛發光，神采煥發：「這雙鞋啊！我星期天去了很多商場才買到的，韓國款式，最新款呢！」

　　於是，女友的話匣子一下子打開了，開始講述自己的購物心得，還善意地指出小剛平時在工作中應該注重哪些著裝細節，2 人談得很融洽。女友感覺小剛很細心，對小剛留下了不錯的印象。

　　在初次約會中，戀愛雙方不妨多觀察對方的服飾變化，並進行適度讚美，只要你們找到共同話題，聊起來就很輕鬆了。

談共同感受

　　初次約會，最好不要總說「我……」，而要說那些你們共同見到、感覺到或都知道的東西，即你們的「共同感受」。可以是音樂、汽車、旅遊等，也可以談談共同的興趣和愛好，這會使 2 顆心更加貼近。

把專業拋在一邊

　　初次約會，彼此還不太了解，暫時把那些所謂的專業知識拋在一邊吧！這時需要的是輕鬆、有趣的話題。試想，如

果剛見面你就談自己的專業論文，對方會感興趣嗎？

總之，初次約會和對方交談時，要放鬆自己，自由自在、開心地交談，把和對方約會、談話當成一種樂趣。

巧妙讚美，讓對方心中甜似蜜

每個人都希望得到他人的肯定和讚美，他人的讚美能使你的自尊心得到極大的滿足，從而縮小你和對方的心理距離。當然也可以用到戀愛中來，巧妙的讚美可以幫你打開對方的心扉。

那麼，如何巧妙地讚美對方呢？

❖ **直接讚美對方的優點**：既然是自己喜歡的人，那麼，對方肯定有值得你欣賞的魅力或優點，可能是漂亮，或是有才華，或者賢慧、能幹等，在適當的時機，你可以用不加修飾的語言讚美他們。

❖ **讚美對方過去做過的事**：如果彼此了解不深，最好不要讚美對方的人品與性格，而應讚美對方過去做過的事。因為這種對既成事實的評價，與彼此了解的深淺並無關係，不會產生誤解或恭維之意。

❖ **從無人誇獎的地方入手**：有句話說：「話說 3 遍淡如水。」如果你誇獎對方的都是他人已經誇獎過的，對方已司空見慣，就會認為你與一般人沒什麼差別。如果能

由一處他人沒有誇讚過的地方下手，她會認為你很留意她，從而體會到一種幸福感。因為戀人之間，對方會希望你比一般人更關心、體貼她。

例如，你的女友因為美貌而聽到太多讚美了，那你就可以誇她有才華或溫柔如水，她一定會非常高興。

❖ **模稜兩可的讚美**：如果是初次見面，可能雙方會比較拘謹。這時候，對對方的讚美要多加小心，讚美得越具體，越容易出錯。比如你對她說：「妳身材真苗條」或「妳眼睛真動人」，如果對方真有苗條的身材或漂亮的眼睛還好，倘若不是那一回事，對方就會覺得你在諷刺她，不但不高興，還會生氣。因此，這時，模稜兩可的讚美較能收效。比如，你告訴她：「妳的氣質很好」，會使對方很高興。

❖ **讚美對方的父母**：俗話說「愛屋及烏」，如果你愛一個人，有時也要愛上和他相關的人或事物。而適當誇讚對方的家人，也會讓對方對你產生好感。

李梅到男友家做客，男友爸媽張羅了一桌好菜，留她吃飯。席間，李梅對男友說：「伯父、伯母的手藝可真好，我要拜他們為師，好好學兩手。」男友的父母聽到，樂得合不攏嘴，連聲說：「好，好……」。李梅這句話，既誇讚了男友的父母，又表現出自己的謙虛。未來的公婆看到媳婦勤勞賢慧，

樂於操持家務,非常高興。男友對李梅的表現也非常滿意。

另外,也可以借他人之口表達你的讚美。比如,「難怪大家都誇你溫柔……」、「大家的眼睛是雪亮的,你真是善解人意」。這樣說一是有公信度,二是會讓對方覺得你提前對他進行了解,對戀愛很慎重。

總之,讚美戀人也需要巧妙表達,這樣才能讓戀人真正感受到甜蜜與幸福。

巧妙應對各種問題

「自我」是人之天性,人們往往會從自我的立場出發,來對對方的言行進行各種猜測、評判,這種先入為主的觀念可能會造成偏見、曲解,乃至妄想、盲目的偏激態度,給戀愛雙方的相處製造種種矛盾。這時,該如何應對呢?

當女友心煩意亂時

每個人都有心情不好的時候,當女友心情不好時,也許會無緣無故地向你發脾氣或說一些無聊的話。比如:

「你為什麼從來不陪我出去玩?」

「你真無聊,從來都不會做有趣的事。」

「對老是做同樣的事,我已經厭煩了。」

因為心情不好,她們也許是在無事生非,沒事找事。這時,男人要適當任由她發洩,傾聽她的抱怨,別拒絕她。

等她說完後，一定要用適當的話語安慰她，千萬不能針鋒相對，讓對方有火上澆油的感覺。你可以這樣說，「既然那樣，我們就換個方式，下星期我陪妳去聽音樂會好嗎？」或「我們到海邊去玩好不好？正好妳也可以散散心。但是，千萬不要生氣，那樣容易衰老啊！」她如果沒有拒絕你的要求，她的心情會因此慢慢變好，你們即可度過短暫的低潮。

如果她說：「我沒時間出去，我有好多事要做。」那麼，男人應該安慰她一下：「注意別累到身體，要適當放鬆一下。」這種體諒的話也可以緩解她的緊張情緒。

當女友抱怨工作時

當女友抱怨工作時，「我討厭我的主管，他對我要求太多了。」男人千萬不要隨聲附和，或叫她辭職，要嘗試把她從這種情緒中拉出來。

可以這樣告訴她：「也許因為妳很有能力，所以，分配給妳的任務多，工作重，他只是想看看妳有多大的潛力。」這樣她們就會少一點怨氣。

當女友擔心你不愛她時

在戀愛中，不太確定的因素很多，可能是一方態度出現變化，或出現了第三者，也可能是男人的言談讓女友多疑。這時候，女方會提出各種理由來試探男人。此時，不需要為

這些問題尋求理智的答案，因為她只是想確定一些事實罷了。

例如，如果她說：「你覺得我胖嗎？」男人最好不要說：「是啊！妳是沒有模特兒的身材。」而應該告訴她們：「妳不需要這麼苛求自己，我覺得妳很美，我就喜歡這樣的妳，這不就足夠了嗎？沒必要和模特的身材相比。」

如果她說：「你覺得我們相配嗎？」男人不要說：「我覺得我們還有些方面必須再溝通。」最好這樣說：「妳是我生命中最特別的女人。」或「我越了解妳，就越愛你。」這樣對方也會打消疑慮。

▎表達自己的貼心

你可以仔細地探詢對方喜歡吃什麼、玩什麼，把對方所說過的話，都放在心裡，努力幫她實現願望，甚至包括一些連對方自己都忽略的小事情，出其不意地給她一個驚喜。記住對方提過的小事情不是為了展現你記憶力過人，而是要表明對方在你的心日中擁有極重要的位置。

如果一個女人因為某件事而心情不好，她最不希望的就是男友將那件事看得一點也不重要，認為她小題大做。此時，她們最需要的是關心，特別是當她們在某些方面感到沒自信，擔心對方變心時。男人此時就要用自己甜蜜的語言給她們足夠的安慰，讓她們放心、寬心、舒心。

第9章 用甜言蜜語打動戀人

用甜蜜的「炮彈」示愛

　　當兩個人的感情發展到一定程度，就應該抓住時機，向你的心上人表達愛意，千萬不要錯過你的真心愛人。

　　為了抓住屬於自己的愛情，學會一種或幾種表達愛慕之心的方法是必要的。

開門見山法

　　如果你對自己的感情很有自信的話，那就可以直抒胸臆，大膽而毫無保留地向對方傾吐自己的感情。一般而言，性情直率的人宜採用此法。

　　有位香港女作家，與中國某男士結成了兩岸情緣。可是，當時那位男士是追她的男性朋友中條件最差的。那麼，這位男士是怎麼如願以償的呢？

　　事情的起源要追溯至幾年前，女作家第一次赴上海時，她為洽談自己的小說授權問題，來到上海某出版社。在這次晚宴上，女作家和那位男士相遇。透過交談，男士深深被女作家的人生體驗所打動，當時就直截了當地告訴她：「我可以追求妳嗎？」

　　這顯然有點突然，女作家沒有絲毫心理準備，只當成是一句玩笑話。不料，那位男士真的開始展開猛烈追求，總是用電話「騷擾」女作家，當然少不了甜言蜜語，比如，「妳

像月亮，沒有妳的夜晚暗淡無光」等。還有更直接的「最後通牒」：「如果再不露面，我會通知妳的所有朋友，告訴他們我要追妳」。

最激烈的是，女作家在上海的最後一夜，那位男士終於鼓足勇氣在大庭廣眾面前猛烈親吻女作家。霎時，女作家激動得幾乎落淚說：「你怎麼可以這樣！」

面對這個天不怕、地不怕的男人如此強烈的攻勢，最後，女作家只好投降，和他結婚。

其實，很多女人都欣賞那些有男子氣概、直率的男性。在合適的時機，直率地向她們表白愛意，常常能讓她們心動。

浪漫示愛法

小孟的女友小蘭是學理工的，小孟當初喜歡她，是因為她穩重踏實。可是，經過一段時間的戀愛後，他發現女友天性不擅長製造浪漫，等女友主動加快戀愛的節奏是不可能的。

於是在情人節那天，他精心布置了自己的房間，當女友敲開房門時，他手捧著 99 朵玫瑰花含笑而立，寫著「茫茫人海、唯蘭馨香」的紅色布條隨氣球騰空而起。頓時，女友被這種「突然襲擊」的求婚方式嚇到了。她如夢初醒，羞澀地低下了頭。

第9章　用甜言蜜語打動戀人

其實，每個女人的內心深處都是渴望浪漫的，浪漫是愛情的潤滑劑，它在愛情中是必不可少的。

▍製造懸念法

對有一定感情基礎，或雙方已經暗暗互相傾慕，只需「戳破那層紙」的雙方來說，直抒胸臆有時不那麼浪漫，而製造懸念法卻別有一番情趣。

馬克思向自己深愛的人 —— 燕妮表達愛情時，便運用了這種方法。他說：「燕妮，我已經愛上一個人，決定向她表白。」燕妮一直愛戀著馬克思，此時不由得一愣，急切地問：「你真愛她嗎？」「愛她，她是我遇過的女孩中最好的一個，我將永遠愛她！永不放棄！」

燕妮按捺住激動的心情，平靜地說：「祝你幸福！」

就在燕妮傷心之時，馬克思說：「我身邊帶著她的照片呢！妳想看看嗎？」說完遞給燕妮一個精緻的小盒子。

燕妮惴惴不安地打開後，看到鏡子裡的「照片」正是她自己。一場虛驚後，燕妮接受了馬克思的愛情表白。

在這裡，馬克思有意在燕妮心中樹立一個無形的「橫刀奪愛第三者」，製造懸念使對方的內心感到矛盾和緊張，然後再以有趣的方式使對方恍然大悟，真是讓人又驚又喜。

善於利用各種方式交談

戀人間要善於利用各種機會，交流彼此的感受。尤其是節日或屬於 2 人之間的特別紀念日等，要適時送上表示愛意的綿綿情話，可以是面談、電話，也可以寫信。最好是每週都有一次長談，多則更好。

要把你心中最真摯、最甜蜜的話告訴對方：「我不能失去你。」、「真希望能和你結婚。」、「不管怎麼樣，我要和你在一起。」

水到渠成法

有位大學剛畢業的年輕人在進入職場後，由於工作表現優秀，公司獎勵他一個微波爐。年輕人高興地告訴心上人這個消息，女孩興奮地說：「祝賀你呀！」

此時，年輕人提議說：「我們辦個家宴，怎麼樣？」

「好，我吃外面餐廳都吃膩了，就想嚐嚐家裡做的菜是什麼味道。」女孩興奮地說，「但我不會做菜，怎麼辦？」她又猶豫起來。

年輕人自告奮勇地說：「我可以試試呀！」於是，年輕人洗菜烹調，非常敏捷。

等年輕人做出來後，女孩品嚐一番，不無羨慕地說：「太好吃了，如果我天天都能吃到你做的菜，那該多好啊！」

第 9 章　用甜言蜜語打動戀人

　　此時，年輕人抓住機會說：「這很容易，只要妳不嫌棄我做得不好，我可以天天做給妳吃。只不過，妳這位女主人要收拾碗筷啊！」

▌忌過分張揚

　　年輕人渴望愛情，用一些與眾不同的方式追求自己心儀的異性也未嘗不可，可是，如果表達不當或過於張揚，就是不妥之舉了。

　　據網路報導，在某高中裡，一名男性的另類示愛行動引來數百名學生圍觀。

　　風雨中，一名西裝革履的年輕人手持玫瑰，背後拉一條長約 8 公尺的橫幅：「韓××，我愛妳！一生一世！李××」。該男生的大膽示愛，引來眾多學生圍觀，造成校園內人潮堵塞，數名學校保全人員在現場維持秩序。可見，你可以用自己的方式示愛，但最好不要影響別人。

　　總之，戀愛是 2 個人的舞蹈，再忙也要每天堅持跳上一段。不論是「長相思、長相憶」的纏綿傾訴；還是「在天願做比翼鳥；在地願為連理枝」的錚錚誓言；又或是在日常生活中一點一滴的關愛，只有 2 個人經過交往，感覺到對方的甜言蜜語確實是發自肺腑、誠心誠意，感覺到對方確實是那個真心愛自己的人，雙方才會步入婚姻的幸福殿堂。

第 10 章
用柔情的話語為家庭增添溫暖

第 10 章　用柔情的話語為家庭增添溫暖

　　有人曾說：「家會很快樂很幸福，像一眼不老的喜泉。家也會很悽楚很悲涼，像一汪深不可測的淚潭。」為什麼同樣是家，卻會有如此大的差別呢？

　　因為在家庭中，先要有無私無償的付出，才能享受到親情、關愛和歡樂。而要構建溫暖的家庭，柔情的話語會產生重要的作用。用柔情的話語來交流溝通，可以表達自己對家人的無限柔情，在另一半最無助的時候，充滿深情的鼓勵和安慰，能夠使他走出困境。而且，家庭生活中的種種摩擦和矛盾，也會隨著你柔情的話語所表達的真心、順心、貼心而煙消雲散。

多一點柔情，少一點爭執

　　2 個陌生人從相愛到結婚後，生活多了一些平淡和現實，少了一些浪漫。有時，由於雙方接受的教育水準不同，為人處世的價值觀不同等，有爭執也在所難免。

　　可是，有些夫妻卻像中了「惡魔」一樣，把吵架當成家常便飯，而且爭吵時一定要分出「勝負」。據某社會調研所對各大城市的家庭調查發現，越來越多夫婦都有這樣的困惑，自己和伴侶「不會」交流了，一開口就是抱怨，火氣大的時候，真是針尖對麥芒。殊不知，他們正在向家庭溫馨和睦的氛圍挑戰，正在傷害彼此的感情。

那麼，怎樣才能緩和夫妻間的矛盾，有效促進交流呢？柔情是打動人心的法寶。特別是在高效率、快節奏的都市中生活的人們，隨著市場競爭的激烈和拜金主義的氾濫，人與人之間的感情更加淡化。越是這樣，在家庭這個避風的港灣中，就越需要感情來維繫。而用柔情的話語給對方關愛，就是增加感情的有效方式。充滿深情、柔情的話語可以化干戈為玉帛，可以使滴血的傷口癒合，可以使迷途的羔羊歸家。因此，夫妻之間發生矛盾和衝突時，可以採取以下方式，把自己的一腔柔情表達出來。

商量而不是鬥爭

2 個人能走到一起就是緣分，其中一方犯錯了，另一方不要厲言批評，而要跟他（她）講道理，真心誠意地幫助對方認知錯誤、改正錯誤。因為你對另一半的脾氣、性格等都比較了解，因此更能說到點上。再者，即便雙方意見有分歧，也應該一起商量解決問題的方法，而不是爭個面紅耳赤。因為婚姻生活是需要夫妻雙方共同維繫的。

勇於說出「我錯了」

有的人明知自己錯了，也不肯認錯，特別是當著孩子的面更是不肯。其實，如果你低聲說一句：「我做錯了，我會改的。」事情就會往好的方向發展。這一句真誠而充滿柔情

第 10 章　用柔情的話語為家庭增添溫暖

的話語，既是你對另一半的尊重，也是你構建和諧家庭的決心。相信你的另一半也會被你誠懇的態度所打動。

▍包容對方

如果對方是無意中做錯事，不要聲嘶力竭地指責，要學會包容，站在對方的角度去思考，用溫情的話語去安慰對方。

吳英的丈夫因事外出，不小心將隨身攜帶的 10,000 元弄丟了。他心裡非常著急，因為家裡並不富裕，這些錢是妻子辛辛苦苦奔波忙碌存下來的。

後來，當他垂頭喪氣地回到家後，妻子安慰他說：「錢不是人賺的嗎？人沒有丟掉就是最大的平安，以後我們還能賺回來。」聽完妻子的話後，丈夫很感動。

▍柔情蜜語溝通感情

美國有本兩性雜誌建議，夫妻每天要花 5 分鐘，跟對方說好話。在這 5 分鐘裡，只能稱讚對方，或說甜言蜜語，以增加彼此的熱情和好感。對於愛吵架的夫妻來說，這也是一個很好、可供借鑑的方式。如果你能抽出 5 分鐘時間來稱讚對方，吵架的機會和機率都會降低。

甜言蜜語、柔情蜜意可拉近夫妻間的距離，可以使夫妻矛盾化解、夫妻情感歷久彌新。柔情的話語對夫妻的幸福生活會產生潛移默化的效果。

溫情的言語可以戰勝婚姻危機

在婚姻生活中，令女人最傷心的，是丈夫不再對自己百般疼愛。此時，是大吵大鬧地離婚？還是委曲求全，眼淚往肚裡吞？

網路上曾流傳這個事件，某丈夫有了外遇，妻子得知後，一怒之下將丈夫趕出家門，拒絕和解。最終，將丈夫推向了情人的懷抱。

而委曲求全呢？委屈自己的結果可能就是心情憂鬱，生命之花過早凋謝。自從小冰的丈夫成為有名的企業家後，身邊圍繞的漂亮女人也越來越多。終於有一天，丈夫提出離婚。但為了讓兒子有個完整的家，小冰委曲求全和丈夫分居，結果，不到 30 歲的她罹患了乳腺癌。大醫院救治無效，年輕的生命就這樣消失了。

由此可見，以上 2 種方式都不是明智之舉。

此時，如果能用溫情對待丈夫，喚醒丈夫對曾經美好生活的回憶，那他很有可能會回心轉意。

也許，有人會說，溫情的語言有這麼大的力量嗎？的確，不僅是婚姻危機，在世界歷史上，一個女人曾以她溫情的感召力改寫了近代歐洲的歷史。

1815 年 6 月 18 日，拿破崙兵敗滑鐵盧後，反法聯軍要求拿破崙「停止抵抗，離開法國，否則將血洗巴黎。」但是，

第 10 章　用柔情的話語為家庭增添溫暖

拿破崙決心拚死也要與反法聯軍決一死戰。

這樣，巴黎就面臨「血洗」的危機。此時，有人突然想起了歐仁尼·克萊雷，她曾是拿破崙的初戀情人。當年由於政治的需要，拿破崙與約瑟芬結為夫妻，歐仁尼曾痛不欲生要自盡，幸虧被拿破崙手下的大元帥貝納多解救。

多年後，貝納多即將成為瑞典的王位繼承人，歐仁尼也成了未來的瑞典皇后。而瑞典是反法聯軍成員國，如果反法聯軍得勝，歐仁尼的丈夫也有很大的功勞！因此，人們得知拿破崙對歐仁尼一直懷有深深的愛戀之情後，決定請她出面說服拿破崙。

當歐仁尼出現在拿破崙面前時，敗局已定的拿破崙看著高貴的歐仁尼，感到萬分自責，無地自容。可是，此刻歐仁尼沒有用激烈的言辭去刺痛他、斥責他，而是與他一起回憶當年充滿溫情的甜蜜歲月。歐仁尼充滿溫情的話語讓拿破崙熱愛和平生活的願望重新出現，最後，他把戰劍交給歐仁尼，表示投降。

像拿破崙這種堅強無比的鐵腕人物，都能被溫情的語言打動，更何況其他人呢？因此，一位心理研究博士提醒，無論是什麼性格的女人，遭遇婚姻危機時，千萬不要忘記使用這個祕密武器來感動丈夫，消除隔閡。如果有些話妳覺得不好說出口，可以以筆代言，讓對方明白妳的心聲。

　　同樣是在法國，一位赫赫有名的作家被一個剛離了婚的女人用魅力征服了。作家面臨著離婚的選擇。

　　可是，怎麼與妻子攤牌呢？雖然夫妻生活20多年了，沒有什麼熱情如火的歲月，可是，無緣無故提出離婚，很難說出口，何況妻子沒有對不起自己的地方。於是，作家冥思苦想，終於想出一條妙計。他編了一個故事，把自己與太太的現實處境假託為2個虛構的人物。在故事結尾，他讓那對夫妻離了婚，並特意說明，妻子對丈夫已經沒有了愛情，一滴眼淚都沒流就走開了，以後隱居在森林中的小屋，過著悠然自得的平靜生活……。

　　於是，作家把構思好的手稿交給太太列印。但是，列印完後妻子的神態很平靜。作家為此感到不安：難道她沒有看懂？

　　然而，故事在某晚報發表後，作家看到的結局卻是：那位離婚的妻子，在前往森林小屋的途中憂鬱而死了。因為她對丈夫依然保持自己純真的愛情，無法接受丈夫的背叛。

　　作家看到這個結尾非常震驚，他明白妻子是用這種方式表達自己堅貞不渝的愛情，他當下就和另一個女人斷絕了交往。後來，作家回到家裡問候妻子時，語氣比往常更溫柔了。這種平凡而溫馨的家庭對話，又持續了20多年。

　　是啊！夫妻生活離不開油鹽醬醋、鍋碗瓢盆這些瑣碎而

平凡的日子，在這種周而復始的日子中，更要多用溫情的話語和另一半交流，給另一半更多的體貼與關愛，這樣婚姻才能保鮮。

用知心的話消除老人的誤解

在家庭生活中，婆媳之間，丈母娘和女婿之間的和諧相處也是一種藝術，如果表達不完整就會引起對方的誤會。因此，要對老人多說一些關心體貼的話語，消除他們的誤解。

主動說「軟話」

一家人相處，不可能時時刻刻都溝通一致，遇到做父母的對自己不滿時，要主動認錯。

小娟的丈夫是獨生子，婆婆特別寵愛他。夫妻倆平常住在公司，只有週末才回家。

週末，小倆口回家，婆婆見面就說：「怎麼又瘦了，是不是飯菜不合胃口？」婆婆的意思很清楚，是責怪小娟不會做飯，沒照顧好兒子。

機靈的小娟趕忙上前拉著婆婆的手說：「媽，是我不好，這段時間公司加班，太忙了沒有好好照顧他。您放心吧！從明天起，我幫他增加營養，讓他盡快胖起來。」

第 2 個週日，小倆口一回到家，小娟就拉著婆婆的手

說：「媽，這一週我做了 5 頓肉，雞蛋、牛奶是每天必不可少。但他還是原來那個樣子啊！媽，您有什麼好方法嗎？」

婆婆聽了媳婦這番話，喜笑顏開地說：「你看他爸不也是這樣。瘦得像隻猴子，吃人參也沒有用，可能是遺傳吧！」說得全家一陣大笑。

面對婆婆的責備，小娟沒有與之爭吵，而是向婆婆說了一大堆知心、暖心的話語，這樣，婆媳之間根本就沒有機會產生矛盾了。

可見，在家庭生活中，要處理好婆媳間的微妙關係，媳婦要更主動一些，畢竟婆婆是長輩，所以，媳婦要用知心體貼的話表達對她們的尊敬，如「我這人就是粗心，常惹您生氣，您別放在心裡！」、「把我當女兒一樣，罵幾句也沒關係」等。這樣自然能和諧相處了。

▍多說順心的話

羅琳的丈夫是獨生子，公公婆婆一直都和他們住在一起。不久，公公得了半身不遂的病，行動不便，本來很好強的公公心情很不好。

面對這種情況，羅琳耐心地勸他說：「爸，您別胡思亂想。人這一輩子哪能一帆風順呀！生病是難免的！現在醫學很發達，這種病肯定能治好。您是個堅強的人，怎麼能被這

點小病嚇到呢？再說，我們還等著您病好了，幫我們照顧孩子呢！」

看到媳婦對自己一點也不嫌棄，反而安慰自己，公公的精神一下子好多了。後來他能下床走動了，逢人就說：「我媳婦可是個乖孩子啊！她說的話我愛聽。」

人在生病時，最需要得到的是鼓勵和安慰，特別是老年人生病臥床，總擔心會讓兒女添麻煩，因此，更要對他們多說一些貼心鼓勵的話，讓他們心情舒暢。

▌ 適時說些暖心話

王老太太在老伴去世後住到了女兒家。後來女兒離職，孩子上學，家庭重擔都放到女婿一個人身上。老人於心不忍，感覺是自己拖累了女兒。

女婿則親熱地對岳母說：「媽，您不是常說一個女婿半個兒嗎？從我們結婚那天起，我可就認定您是我的親媽了，現在您是不是嫌棄我了啊？」老太太老淚縱橫地說：「我這是做了幾輩子好事，才修來這麼好的福氣啊！有你這麼好的女婿，我放心了。」

▌ 多說一些知心話

小虎結婚後因為家中條件差，就和岳父住在一起。小虎的岳父以前在公家單位工作，不論對國際、國內的大事，還

是社會上發生的新鮮事，都很感興趣，可是，小虎偏偏是個「不好事」的人。因此，岳父對他有些冷淡。

小虎想，岳父一個人本來就孤獨寂寞，應該多和他聊聊。於是，他每天回到家，都抽出一定的時間和岳父交流新聞，說一些自己在上班途中、工作中遇到的新鮮事。很快，岳父見到他回來總是笑臉相迎，有時沒等他坐穩就開始與他聊了起來。

此後，岳父逢人就說：「我們家有個『千里眼』，我天天不出門，便知天下事。」

▌及時說些順氣話

有時，小倆口鬧彆扭後在爭執中總會順口把對方的父母帶上。如果老人們聽到這些，當然會火冒三丈。

某次，小雲在和丈夫的爭吵中順便說了一句「你總是有理，和你媽一樣」。結果，被婆婆聽到了，大聲斥問：「你們倆吵嘴怎麼總是把老人我帶上，我什麼時候得罪你們了？」

小雲一聽，覺得事情不妙，於是趕忙笑著說：「媽，您誤會了，我這麼說他可不是壞話，是讚揚他呢！因為每次吵架我有理也說不出，可是，您的兒子一點小事都能說出一堆大道理，怪不得他當領導者我當員工呢！我這麼說是真心地佩服你們啊！」

聽小雲這樣說，婆婆的怒氣消了，她對小雲說：「妳這張小嘴真會哄人。」即將挑起的一場家庭風波，就這樣風平浪靜了。

俗話說「老人安，闔家歡」，怎樣能使父母老有所安、老有所樂呢？這就需要了解老人的心理特點，理解老人的意思，盡量順老人的心意行事，在對老人進行物質贍養的同時，注重精神贍養，使其感到晚年生活和諧幸福。這樣，一家人才會生活幸福。

別把傷害對方的話說出口

即使是最恩愛的夫妻，相互間也難免發生爭吵。偶爾發生口角，吵過之後也就結束了，但是，如果爭吵起來不加控制，就可能會激化矛盾，因此，夫妻爭吵不要超越「語言上的界限」。否則，只顧自己一時痛快，不顧及對方的感受，相互譏諷挖苦，甚至惡語中傷，濫用自己的口才，其結果只會給雙方帶來很深的傷害。

❖ 不要說「我知道你會那樣說」：這句話的意思無異於嘲笑對方弱智，在用另一種方式罵對方是個「笨蛋、蠢人」。可是，「輕蔑會加快婚姻的崩潰」，這是美國《婚姻美滿的 7 條準則》一書的作者、哲學博士約翰‧高特曼（John Gottaman）的觀點。

❖ **不要說「為什麼你總是不聽我說？」**：有些女強人或大男人主義者總愛這樣指責另一半，殊不知，使用「總是」或者「從不」這樣的字眼，不僅滿是責備，而且還誇大了怨氣。同時，這種全盤否定的說法，把問題的責任全部推到對方身上，更容易激化矛盾。

❖ **不要說「說得對，我就是要離開你！」**：這種威脅往往很危險，因為沒有給自己留一點餘地。在這種情況下，只要夫妻間的關係還沒有破裂，就要把那些一觸即發的衝動放在心裡，尋求能就此進行交流的途徑，畢竟你「並不是真的想要離開」。

　　如果動不動就用離開來進行威脅，隨著時間的推移，終將變成現實。

❖ **不要說：「你總是偏袒孩子」**：在教育孩子方面意見相左並產生爭吵，很可能會造成家庭分裂。生活在吵吵鬧鬧的父母中間，孩子也許會把你們婚姻的不幸歸咎到自己身上。所以，在處理這方面的分歧時，一定要避開孩子，將所有的委屈以及意見暫時保留一下。

　　一般說來，夫妻雙方對彼此的問題和短處都很了解。在平時，彼此顧及對方面子不會輕易指出。可是一旦發生爭吵，當自己理屈詞窮時，就可能把矛頭對準對方的短處，挖苦揭短，以期制服對方。可是，這麼做只會激怒對方，傷及

第 10 章　用柔情的話語為家庭增添溫暖

夫妻感情。

另外，有些夫妻爭吵時，喜歡把過去的事情扯出來，拿陳芝麻爛穀子當證據，歷數對方的「罪過」，證明自己正確。這種方式也容易偏離主題，無助於解決問題。還有些夫妻總愛貶低對方。比如：「和你說話簡直是對牛彈琴。」、「你這個人真是鄉下出來的，沒見過什麼世面。」這些貶低對方的話，同樣容易刺傷對方的自尊。面對這種情況，一般人都喜歡「以其人之道，還治其人之身」，回擊他們對自己所做的描述。結果，雙方為了維護自己的尊嚴，會一直爭吵不休。

夫妻之間爭吵最好就事論事，不要攻擊對方其他方面，這樣才容易化解眼前的矛盾。

當然，最好的方式就是換一種語氣。因為夫妻之間根本沒必要動輒吵罵、挖苦、諷刺對方，甚至貶低對方。既然走到一起就是有緣，要相互用愛情、真情去呵護對方。即便對方不對，也要用充滿感情的語氣去說服他（她）。因此，你可以嘗試用一些更好的方式來表達你的感情。比如：「你以前就曾經這樣說過，看來這件事還在困擾著你。我能幫你做些什麼？」用這種關切溫情的話語來說，既真誠地考慮到對方的感受，又表明你希望能為解決問題做些什麼，這樣對方也會冷靜下來。

雖然，這些看起來只是字眼的小小改變，卻能令你所表達的意思有很大的不同，改變這種小字眼，蘊含的是你的滿腔柔情。這一點千萬不要忘記。

「誇」出一個好丈夫

有個小電視劇，說的是一個恩愛家庭的故事：

一天，妻子準備清潔打掃，發現吸塵器壞了。於是，丈夫很有自信地打開外殼，像內行人般地修起來。

這時，細心的妻子無意中發現：原來是電源插頭的接線脫落了。她沒有驚動丈夫，悄悄地把接線接上。等丈夫裝上機殼，插上電源，吸塵器修好了。妻子對孩子們說：「你們爸爸真厲害！」丈夫的眼神一下子變得得意起來。

這位妻子很聰明，她讓丈夫在孩子面前非常有自信。

可是，有些女人總是不厭其煩地把對丈夫的不滿「如數家珍」地抖摟出來。不是抱怨丈夫「弄了一屋子書，能吃還是能喝嗎？」，就是指責他們「好不容易做頓飯，連雞蛋都炒焦了」等等。這些女人在說話方面太隨意了，沒有照顧到另一半的情緒，而且常常會打擊他們的自信心。

生活中常常會看到這樣的事：對一個小孩子說「他很笨拙」，他就會變得比以前更加遲鈍。其實成人也是一樣，假如讓男人總是生活在充滿指責的氛圍中，他的意志會更加消

沉，更加自卑，最終，成功也會離他們遠去。因此，每個妻子都應該學會稱讚丈夫，這比直接「教訓」的言語更有推動作用。

聰明的女人都會使別人注意丈夫的長處，將丈夫的缺點減少到最低的限度，透過自己的嘴，把丈夫「捧」上更高的頂峰，特別是男人失意時，更需要女人用一片關愛之心憐惜他、陪伴他、勸慰他，讓他再振雄風。倘若身邊的女人不懂撫慰他，那男人就可能到外面去尋求能使自己振作的女人來重建信心了。

1929 年，紐約股市崩盤，美國一家大公司的老闆憂心忡忡地回到家裡。

「你怎麼了？親愛的。」妻子笑容可掬地問道。

「完了！完了！我被法院宣告破產了，家裡所有的財產明天就要被法院查封了。我一無所有了。」他說完便傷心地低頭飲泣。

妻子這時柔聲問道：「你的身體也被查封了嗎？」

「沒有！」他不解地抬起頭來。

「那麼，我這個做妻子的，還有孩子們，也被查封了嗎？」

「沒有！你們和這檔事根本無關呀！」他不解地望著妻子。

「親愛的」，妻子對他報以微笑，接著說：「既然你還有支持你的妻子，以及一群有希望的孩子，怎麼能說一無所有呢？何況你有豐富的經驗，還擁有上天賜予的健康身體和靈活頭腦。丟掉的財富，以後還可以再賺回來的，不是嗎？」

3 年後，他的公司再度成為《財富》雜誌評選的 5 大企業之一。

是啊！如果能在丈夫失意時懂得及時地關心他、安慰他、讚美他，那比什麼靈丹妙藥都有用。這也是女人口才的用武之地，和所具有的獨到價值。如果你能真誠地讚美他，讓他深刻感受到你的愛意與體貼，讓他在你的讚美中覺醒、奮起，那麼，你們的婚姻會更堅固、更美滿。

楊華就是這種女人，她的丈夫因為太正直遭受排擠，一夜之間從大公司副總裁的位置落馬。由於愛面子，他封閉自己，不與任何人交往。

但是，楊華沒有抱怨丈夫不懂圓滑的為人處世之道，她總是在人前人後誇老公有才華、聰明，只是不太適合當官而已。楊華這樣說，丈夫的心態逐漸平靜下來，經過一段心態調整的時間，他開始對自己的職業生涯重新定位，到一家大型集團公司擔任技術總監。

丈夫的才華得以充分施展後，感激地對楊華說：「妳是最好的女人。沒有妳，我就不會重新崛起。」

第 10 章　用柔情的話語為家庭增添溫暖

　　男人的失意，其實給了女人一個證明自己的機會。所以，在他失意時，不妨多給他鼓勵和讚揚。不論是枕邊細語，還是湖邊軟語，都是他的「良藥」和「補藥」。這種心靈的對話，會讓男人感到妻子在最困難的時候支持著自己，他的自信心也會大增，前途也終將柳暗花明。

第 11 章
做和孩子溝通的高手

第 11 章　做和孩子溝通的高手

　　說話是一門藝術，特別是與孩子說話，更需要講究語言的技巧。然而，有些父母卻不這樣認為。在他們眼裡，孩子還小，與他們說話不必顧忌太多。於是，什麼話拿過來就說，也不想想這些話是否會傷了孩子的心。

　　孩子的心靈是脆弱的，心地是純真的，思維是單向的。因此，和他們溝通要從愛護的角度出發，以親情、鼓勵加平等，切忌打擊他們的上進心和積極度。

　　另外，要注意培養孩子的口才能力，讓他們學會和人溝通，贏在人生的起跑點上，為以後的幸福生活打下良好的基礎。這也是父母最大的心願。

▌表現出對孩子話題的興趣

　　孩子的話題千奇百怪，因為他們好奇心強，想像力豐富，特別是他們提出的問題可能是世界上最難回答的問題。比如「我為什麼不是一隻小鳥」、「太陽為什麼是圓的」等。聽到這樣的問題，有些父母會厭煩，甚至嘲笑孩子：「你怎麼這麼煩！一直問這些無聊的問題」或「沒看見大人正在忙嗎，自己去旁邊玩！」

　　殊不知，如果父母總是這樣嘲笑孩子，孩子就會失去探索問題的勇氣。而且一些研究機構的調查結果也顯示，正是父母的態度使孩子感到沮喪，使孩子的好奇心隨著年齡的增

長而漸漸消失了。

其實這種追根究柢的精神，正是語言教育的精髓，這樣，孩子不僅能夠學到更多的知識，還學會與小夥伴和老師等溝通和交流。因此，身為父母，應該支持孩子多提問。不管孩子提出什麼樣的問題，父母都應該表達對孩子提問的興趣，做出注意傾聽孩子說話的姿態，目光注視孩子，用點頭和微笑鼓勵他，這樣孩子才會樂於和你溝通。

有時，孩子們會把自己認為很得意的故事講給你聽，此時，無論他們說得多麼語無倫次，也要表現出對他們的興趣，並且適時回應他們。

有個7歲的孩子遠遠就用尖尖的嗓子喊道：「媽媽，媽媽！我要告訴你一件有趣的事情。」

「好啊！」只見媽媽停下正在洗衣服的手，向孩子這邊側過身來說：「來，說給媽媽聽，你想說些什麼？」接著，孩子語無倫次地向她描述自己編造的故事。雖然顛三倒四，但是媽媽的臉上仍充滿好奇的表情。她不時隨聲附和說：「啊！我可沒去過這樣的大海，居然還有小島。」在媽媽的引導下，孩子講了很長時間都不覺得累。最後，媽媽誇獎說：「這麼有趣呀！我真想親身經歷一下。」孩子小臉上的表情開心極了。

當你的孩子對你講述他的故事時，你該如何表現出你對那些故事的興趣呢？

第 11 章　做和孩子溝通的高手

▌ 以熱情的口氣鼓勵他們說下去

　　孩子對父母講話時，最讓他掃興的就是聽到這樣的話：
「你說的這些我早就知道了。」這句話就如一盆冰冷的水潑到
孩子身上，會讓孩子講話的熱情大減。所以，希望孩子樂意
跟你講話，請把自己當成一個「無知」的孩子，不管孩子講
的東西你是否早已知道，都要表現出樂於傾聽的神態。即使
孩子所講的內容索然無味，也不要表現出不耐煩來，要以熱
情的口吻鼓勵他們，「我愛聽，繼續講吧！」這樣，孩子才
會樂此不疲地和你講話。

▌ 積極回應

　　很多父親喜歡下班後躺在沙發上看報紙或電視。這時孩
子興致盎然地想和父親講話，但父親卻心不在焉地催促說：
「講到哪裡啦？你快一點，好不好？」這樣的話也會讓孩子
感到很沒意思，失去講話的興趣。

　　如果父母聽孩子說話時總是板著臉，沉默不語，或是一
副漫不經心的樣子，都會令孩子十分失望。他會覺得你一點
都不關心他，而且也會對自己的語言表達能力失去信心。因
此，在聽孩子講話的時候，即使孩子所講的事情或笑話是家
長聽過的，也要積極回應。可以用表情或插話等方式隨聲附
和他們，表達出自己對孩子所說的人或事的重視。如「這個

問題很有意思。」、「哦」、「是嗎」等，以配合孩子講話的熱情，這樣就能進一步激發他表達的欲望，鍛鍊孩子的語言表達能力。

▍誠實回答

有時候孩子的問題千奇百怪，真讓父母頭痛。有的父母為了維護自己「高大」的形象，甚至會告訴孩子不準確或錯誤的答案。

遇到這種情況，父母要如實地告訴孩子：「這個問題爸爸（媽媽）也不太清楚，等我查書後再告訴你。」、「所以你也要多看書學習呀！多學一些知識，就知道了。」

▍適當運用肢體語言

有時候，父母正在和朋友交談。此時，孩子會跑來捏捏父母的手，表示他有事情；而父母也可以輕輕回捏一下，表示自己知道了，會盡快幫助他解決。在這種肢體語言中，捏手的動作是父母和孩子之間的暗號，這有時可以緩解孩子的急迫心情。

有經驗的父母會發現，不管孩子向你訴說的是如何可笑、幼稚的話題，只要你興致勃勃地聽下去，就是對他最好的鼓勵。當然，你還可以配合他們，隨時幫助和糾正。在其樂融融的親子交談中，交流了思想、溝通了情感，何樂而不為呢？

第 11 章　做和孩子溝通的高手

　　孩子是獨立的個體，有自己的思想，更有表達的權利，父母千萬不要總以為自己過的橋比他們走的路多，就隨意打斷孩子講話，先聽孩子把他們的意思表達完再說也不遲。

　　一位父親問剛上國一的兒子：「你長大後想做什麼？」

　　13 歲的兒子想了想，忽然冒出幾個字：「我不想長大！」

　　父親聞此言，勃然大怒：「男子漢應當頂天立地，你怎麼這樣沒出息！」兒子不明白父親為什麼發怒，馬上愣住了。

　　這位父親就是不明白孩子的內心，在他看來，永遠不長大、天真快樂是很好玩的，可是，父親卻粗暴地打斷了他的話，以為他胸無大志。難怪孩子們會抱怨說：「父母太小看我們了，一點也不給我們講話的機會。」、「我們心裡有許多話要說給父母聽呀！可是，他們都沒有耐心聽我們講話。」

　　如果你細心觀察就會發現，說話經常被無情打斷的孩子，慢慢就會變得沉默，懶得跟父母說話交流。一旦這種情況出現，孩子的語言表達能力就會逐漸降低，這對他的成長是非常不利的。相反，如果你耐心一點，不管在什麼時候都認真聽孩子把話說完，你就會發現你對孩子又有更多的了解，孩子也會越來越愛和你交流。

　　一位母親和 5 歲的兒子一起去旅遊，玩到中午，又累又渴。此時，帶來的水都喝完了，附近又沒有超市，於是，媽媽東找西找，從兒子的小書包裡發現了 2 個蘋果，於是，她萬分欣喜地拿在手裡，給了兒子一個。可是，兒子歪著頭想了片刻說：「我想要 2 個蘋果」。

　　母親聽兒子這麼說，大失所望。她本想訓斥孩子一句「沒良心的東西」。可是，兒子畢竟還小，於是她想知道兒子為什麼這麼做。她摸了摸兒子的臉，輕聲地問：「能告訴媽媽，你為什麼要這樣做嗎？」

　　兒子眨了眨眼睛，認真地說：「因為……因為我想嘗嘗哪個最甜，再把最甜的一個給媽媽！」

　　霎時，母親的眼裡充滿了淚光。

　　孩子雖然小，但是他們的心事，大人未必懂得。因此，要給孩子充分的話語權，要讓他們把自己的想法說出來。這樣，你才可以根據孩子說的話進行針對性的教育。他的理解出現偏差時，你可以給予糾正；他有片面看法時，你可以給予補充。這樣，孩子的判斷能力、思維能力，以及語言表達能力都會得到提高。

　　特別是當孩子長大成人後，他們做出的選擇，在一定程度上都是深思熟慮的結果，當父母的更要學會尊重他們的話語權，讓他們把自己的想法表達清楚。當你明白了他們的想

第11章　做和孩子溝通的高手

法後，再做評判也不遲。這樣，孩子也會更加敬重父母。

　　老李的兒子曾在國立臺灣大學讀法律系，後來，兒子想放棄學法律，改學中文。但是，做出這樣的決定畢竟需要勇氣。臺灣大學是全國最有名的大學，而且法律是熱門科系。因此，當兒子終於鼓起勇氣說出「不想在臺大讀書」時，父親當然是大吃一驚。臺大是多少莘莘學子嚮往的地方啊！他當然不明白兒子為何做出這樣的決定。可是，他並沒有馬上責問兒子，而是很快就鎮靜下來，溫和地問：「為什麼呢？」

　　兒子說出了自己的理由：「我想學中文，法律課程……可學的東西不多。我想重新參加明年的大學考試，然後好好地讀幾年書，建立基礎。」原來兒子是這樣認為的，他的話也有一定的道理。可是，父親又擔心地說：「但你這些日子的時光就白費了。」是啊！青春時光是最寶貴的，如果選擇錯誤不就白白浪費時間了嗎？

　　可是，兒子不這樣想，他說：「不，沒有白費，我認識了不少人，累積了不少生活經驗，我想，這對寫作是有用的。」

　　兒子的觀點有理有據，父親被說服了。他覺得兒子的決定不是草率的，能下這樣的決心，他也打從心底欣賞兒子。於是，他對兒子說：「好。離大學考試還有幾個月，你就放手一搏吧！」

結果，兒子經過短時間的拚搏，滿懷信心地又一次參加了考試，最終被文學院中文系錄取。

試想，這種情況如果被其他家長遇到，能有幾人像老李這樣開明，讓孩子說出原委，並且理解、支持他們呢？恐怕多數都會封殺他們的話語權，要孩子按照自己的意見辦。他們會認為這是替孩子著想，殊不知，卻扼殺了孩子選擇的權利。

畢竟，時代不同了，孩子們對世界、對人生都有自己的價值觀。有時，他們的選擇並非都是錯誤的。而且，孩子們的心理，家長們也未必都了解。因此，家長和孩子溝通時，切不可先入為主，武斷地打斷孩子的話。明智的做法是要先聽他們說完，弄懂他們的意思，看看他們說的是否有道理，再決定怎麼說或怎麼做。

冤枉孩子要真誠道歉

田媽媽發現錢包裡少了 50 塊錢，就一口咬定是上寄宿學校的兒子拿走的。兒子說沒拿，媽媽不信，先是「啟發」孩子：「你這個月的零用錢我還沒來得及給你，但你不能自己動手去拿啊！」後來就越說越生氣，警告孩子：「不經允許拿媽媽的錢，就算是偷！你再這樣，以後我不給你零用錢了。」

第11章　做和孩子溝通的高手

　　媽媽這樣平白無故地冤枉兒子，孩子當然不服氣，結果母子倆就吵了起來。

　　後來，田媽媽在晾曬衣服時發現，原來50塊在她的毛衣口袋中，可是，她並沒有向兒子道歉。她認為，家長向孩子道歉，以後在孩子面前還有權威嗎？自己說的話孩子還會聽嗎？

　　相信在生活中，有田媽媽這種想法的人很多。他們總認為，在孩子面前，家長就要樹立處處正確的形象，哪怕做錯事，也不能讓孩子知道。至於冤枉孩子後，要向孩子道歉，他們更做不到。其實這種想法大錯特錯。

　　對孩子來說，最大的傷害莫過於受到冤枉。因為孩子的世界往往是敏感脆弱的，很多時候，他們在對待事情時總顯得比成年人較真，何況是被父母冤枉的時候。一旦受到最親近的人的懷疑與冤枉，會感到十分委屈。如果父母不在乎孩子的感受，錯怪了孩子仍理直氣壯、不願道歉的話，傷害的將是孩子的心靈。如果孩子有一天明白了事情的真相，他們會覺得父母很虛偽。久而久之，對父母正確的教誨，孩子也會置之腦後。

　　其實，父母說錯話，做錯事，甚至冤枉孩子，都是難免的，關鍵是發生問題後父母怎樣處理。

　　父母和孩子相處，應該是民主、平等的，錯怪了孩子，

主動道歉並不會使家長的身分和尊嚴受到什麼損失。而且，父母向孩子認錯，孩子就會懂得承認錯誤並不是一件可恥的事，會由衷地敬佩父母的為人和修養，從而更加信任父母。這樣，父母的威信不但不會降低，反而會提高，同時也可以為孩子創造健康成長的良好環境，讓孩子從中受益。

那麼，在向孩子認錯時，父母又應注意什麼呢？

首先，父母道歉的態度很重要，不能太過生硬、輕描淡寫。如果父母採取錯誤的態度，即使道歉了也不能挽回什麼，只會加深誤解，因為孩子是十分敏感的，很容易就能意識到父母是不是在敷衍他。因此，父母應用真誠的態度來道歉，不要只略微地說一下就算了。

其次，父母要能接受孩子受到冤枉後表現出來的情緒，比如適度地哭鬧之後，應該好好地去安慰孩子，設法使孩子的情緒在爆發後能夠漸漸平復下來。

另外，想讓孩子從心理上接受父母犯錯的事實，讓孩子意識到父母也是可以犯錯的。這麼做可讓孩子明白，每個人在成長過程中，都難免會遇到這樣、那樣的小挫折，這些挫折也許就是來自於自身。從而提高孩子的心理成熟度。

總之，當父母做錯了事，要勇於向孩子承認錯誤。父母勇於向孩子認錯，這是一種無言的人格力量，對孩子的一生都會有深刻的影響。因為凡是要求孩子做到的，父母自己也

應該帶頭去做，並認真做好。孩子只要感受到父母的悔過之情，自然就會理智地對待犯錯的父母了。當然，最重要的是，一定要先給孩子解釋的機會，讓孩子把事情的經過說清楚，然後再下結論。這樣就可以避免冤枉孩子的事情發生了。

▌用商量的語氣和孩子溝通

　　王惠不惜花費鉅資為女兒買了一架鋼琴，且不辭辛苦，天天上下班接送女兒，難得的星期天還陪著女兒練琴。可是，女兒對這些並不領情，有一次竟然對同學說，她恨媽媽，想找強盜捆住媽媽，把她扔到山裡去。

　　當王惠聽朋友開玩笑一樣地把這些話說給她時，她半天沒有說話，簡直無法相信，這就是自己辛苦付出的結果。她忍住即將爆發的情緒，問女兒：「妳為什麼對媽媽這麼狠心，希望把媽媽扔到山裡去呢？」女兒回答說：「這樣我就不用天天練琴了啊！」

　　王惠這才明白，原來女兒不喜歡彈琴，是自己一廂情願，看別人家的孩子都在學琴，就買了一架，卻不曾與女兒商量過。

　　像王惠這樣的家長，在全國肯定為數不少。據某家報社編輯部的一項調查顯示，在面對「你是否有和孩子商量問題

的傾向」這個問題時，接受回答的 250 名「1980 ～ 1989 出
生」的父母中，只有8％的父母表示凡事都願意和孩子商量；
23％的父母表示偶爾會和孩子商量；而 60％的父母明確拒
絕和孩子商量問題，他們認為，孩子還小，不懂事，如果和
孩子商量問題，自己身為家長所擁有的權威就可能喪失。可
是，這種想法卻違反了教育心理學。

　　有的家長一味限制孩子，說話就是下禁令。例如「放學
後不許與同學玩，不許到同學家裡去，不許把同學帶到家
裡。」、「你每天除了讀書，別的什麼也不許做。」由於孩子
總是生活在命令中，總有一天會變得遲鈍，失去創造力。

　　根據馬斯洛的需求層次理論，被尊重的需求是人類較高
層次的需求。對孩子來說，同樣如此，他們也有被尊重的需
求，如果父母經常與孩子協商解決問題，孩子就會非常樂意
與父母交流。反之，一旦這種需求無法獲得滿足，孩子則會
產生沮喪、失落等負面情緒，甚至封閉自我。因此，身為父
母，理應有寬廣的胸懷，要樂於，並善於與孩子商量問題。
這樣的父母才會受孩子歡迎。

　　每個孩子都是有自尊心的。要孩子去做某件事情，可用
商量的語氣，讓他明白，他跟你是平等的，你是尊重他的，
千萬不要用命令的語氣。

　　英國教育家史賓塞說過：「對孩子要少下命令，命令只

有在其他方式不適用或失敗時才用。要像一個善良的立法者一樣，不會因為壓迫人而高興，而因為用不著壓迫而高興。」

比如，小孩子把玩具扔得到處都是，媽媽想請孩子把玩具收拾整理一下，並用命令的語氣說：「看你把玩具扔成這樣，快去收拾一下。」結果，孩子會很不樂意地說：「我累了，不想收拾。」或是撅著嘴巴，磨蹭著走到玩具旁，把玩具狠狠地往箱子裡丟，拿玩具出氣來反抗媽媽。

這時，媽媽如果換一種語氣說：「寶寶，你把這些玩具亂丟，玩具就會不高興，你去把玩具收拾一下，放整齊好嗎？媽媽要看看我們寶貝會不會做？」

結果，孩子就會搶著說：「我會做，我能收拾好。」然後把滿地的玩具收拾乾淨，並在箱子裡擺放得整整齊齊。

最後，在孩子收拾好後，別忘記鼓勵他們。這樣他們的好習慣就會形成。

父母學會與孩子共同商量，既可以增加相互的理解，也可以避免家庭中一些無謂的爭吵，更重要的是，它可以教會孩子在社會上怎樣做人和與人共事。

隨著孩子年歲的增長，他們在喜好和興趣，甚至交友等諸方面的看法，都會與父母有分歧。這時父母對孩子的喜愛與興趣絕不能簡單地禁止，而應在充分尊重的前提下，與他們商量，以求得共識或找出正確解決的途徑。此時，父母也

　　　　　　　　　　　　　　　　用商量的語氣和孩子溝通

可以用建議的方式來表達自己的意見。

　　美國著名的心理學家和人際關係學家戴爾·卡內基認為，在孩子面前，遇事用「建議」的口吻，而不是下「命令」，不但能維持孩子的自尊，而且能使孩子樂於改正錯誤並與父母合作。

　　一位國中生，正值青春期，某天，他看到網路上的女性裸體照片，似乎很感興趣。父母看到這些後，沒有命令他把電腦關掉，也沒有對他進行訓斥。第 2 天，父親從當醫生的朋友那裡借了 2 本有關人體結構和生理衛生方面的書，放到孩子的房間，並寫了一張紙條。內容是：「這 2 本書我們看了一下，覺得很有益。想必對你也會有幫助。我們建議你抽空可以看一下。」

　　這個孩子看到父母的留言後，明白了他們的用心。他對父母這種教育方式非常感激。

　　這個父親就是十分民主開放的。比起那些簡單、粗暴的教育方式，他的做法很明智。既讓孩子意識到錯誤，又維護了孩子的自尊。

　　總之，孩子的事情一定要放手讓孩子自己去選擇，父母不可替孩子包辦，即使父母有自己的想法，也要透過協商的方式，把意見傳達給孩子，讓孩子權衡利弊後再做出選擇。在這樣的家庭氛圍中，孩子會漸漸養成協商的習慣，願意主

動與父母進行溝通，這樣代溝就會消除，和諧愉快的親子關係就會形成。

用鼓勵代替責備

當孩子在某一方面表現不夠好時，一些父母往往恨鐵不成鋼，會對孩子進行不恰當的批評或懲罰，事後，父母又往往會後悔。

俗話說：「尺有所短，寸有所長」，在孩子做得不太好時，如果父母批評指責他們，只會令孩子更加自卑，或反感而產生叛逆心理。

4 歲的亮亮搬著小椅子坐在忙著織毛衣的媽媽身邊，要媽媽講故事給他聽，媽媽顧不了，就對他說：「乖兒子，媽媽不是跟你講過許多故事嗎？這次，換你講給媽媽聽吧！」於是，亮亮開始講了。

但是，亮亮講了半天，反反覆覆還沒講完。媽媽聽著聽著就不耐煩了，生氣地說：「真是笨蛋，這麼簡單的故事，我跟你說過 10 遍了，你居然還不會講。」聽到媽媽這麼說，亮亮難過極了。他好幾天都不理媽媽。甚至當家裡有客人時，亮亮也不像從前那樣主動和他們打招呼了。當媽媽責備他時，亮亮反而說：「我不會說話怎麼跟別人打招呼？」媽媽氣得哭笑不得。

　　為什麼父母的責備會引起孩子的不滿，甚至叛逆心理呢？因為在孩子的心目中，父母占有很重要的位置。孩子對父母的話也特別看重，有時父母的一句話，都可能會改變孩子的性格和命運，因此，父母不能因為一時之氣，就忍不住責備孩子。相反，要多給孩子一點鼓勵。

　　佛經裡有個關於牽牛車的故事，是說 2 個牽著牛車要上坡的人，前面一個人拉著車往上走的時候，就不停地對牛講鼓勵的話，他說：「乖牛，我知道你的力氣很大，相信你一定拉得上去；等上坡後，我會讓你好好休息一下。我也會幫你忙的。來！我們一起來！」結果這隻牛很快就拉上了坡。而另一個人卻相反，不停地埋怨牛，而且還鞭打牛，結果，牛還是上不去。

　　可見鼓勵是多麼重要。孩子幼小的心靈需要呵護，就像樹木花草需要和風雨露的滋潤才能成長一樣，正因為他們還是孩子，才更需要給他們鼓勵。那樣孩子就會多一點自信和勇氣，更好、更穩地走向自己的人生之路。因此，父母要經常鼓勵孩子，即便他們還有這樣、那樣的不足，也不要訓斥他們，特別是對於幼兒。比如「你的聲音真響亮！」、「你還會用這個詞，真不簡單啊！」、「你一下子能說這麼多，太了不起了啊！」、「你說起話來身體站得挺挺的，多大方啊！」這些話都應該經常掛在嘴邊。

第11章　做和孩子溝通的高手

　　通常，這種正面鼓勵的力量，會促使孩子下定決心做好父母希望他做好的事。當孩子做好的事情被父母讚美時，他會更有動力做下去，直到把其他一切都做好。而家長們要做的，只不過是協助孩子做好而已。

　　在一個美國家庭，孩子從學校拿回了成績單，有點羞愧地遞給了母親。因為他只得了2個「甲」，3個「乙」，1個「丙」。誰知母親看了成績單後，並沒有嚴厲責備孩子，而是眼神中有點閃閃發光，對孩子說：「兒子，你太棒了！我真替你高興！」兒子聽到這些，緊張的神態一掃而光，放下書本高高興興地玩去了。

　　這時，一位來訪的客人，十分不解地詢問這位媽媽為什麼這樣做，這位媽媽回答：「你已經看到，我兒子對他的『甲』和『乙』很高興，他體驗到了得到好成績的感覺。當然，我也會在星期六早上全家的目標設定會上問他，你希望那門得『丙』的功課下次得多少分？因為他喜歡那種成功的感覺，肯定也會努力的。」

　　這就是鼓勵的力量！因此，哪怕您的孩子上次考了58分，這次考了59分，對孩子來說，也是個進步，千萬不能因為孩子考試不及格就訓斥孩子，而要看到孩子已經獲得難得的1分進步。

　　一位母親說，她的兒子2歲時才學會走路，近3歲時才

學會說話，而且口齒也不清晰，剛上幼稚園時也不愛回答老師的問題。但是這位母親沒有拿兒子和別人比，更沒有責備孩子。她透過各種辦法傳遞給兒子這樣的資訊：「爸爸媽媽相信你，相信你能積極和小朋友們交往，積極回答問題。」

為了培養兒子複述故事的能力，她鼓勵兒子：「只要你每天跟爸爸媽媽講 2 個故事，爸爸媽媽就會很高興。」當兒子終於用笨拙的小嘴講出完整的故事時，媽媽高興地流下了眼淚。

後來，在媽媽的鼓勵下，孩子在各方面都獲得了可喜的進步。

俗話說「條條大路通羅馬」，衡量一個人成才的標準是不同的。有的孩子在這方面很優秀，在另一方面可能會顯得很遲鈍，家長不可把自己的孩子和其他孩子相比，更不可因為他們在某方面表現不好而責備他們，這樣會打擊他們的自信心。因為「別人」是多數，總會有人比自己的孩子強，越比會越失落。因此，要針對自己的孩子因材施教，對孩子獲得的每一點進步，都要進行鼓勵，而不是責備，這樣他們才有戰勝困難的信心和勇氣。

由此可見，父母在愛護、關懷孩子的同時，要觀察他們的本性，然後才能有針對性地輔導、幫助他們，鼓勵他們揚長避短，才能讓孩子更好地成長，切不可只抓住孩子的不足之處批評責備，那樣孩子很難成為某一方面的人才。

▊ 及時稱讚孩子

在和孩子的溝通中，當他們在某一方面進步了，千萬不要忘了獎勵他們。而且對孩子的獎勵一定要及時，不論是物質上，還是精神上的獎勵，否則會挫傷他們的積極度和自尊心，從而無法把良好的行為堅持下去。如果事後很久才獎勵，他們可能都已忘了為什麼會獲得獎勵，這樣會使獎勵與良好的行為不能形成密切的相連，獎勵的正向作用也就失去了。

某天晚上，很少在家吃晚餐的爸爸，不到 7 點鐘就進了家門。晚餐後，爸爸拍了拍兒子的肩膀說：「兒子，我想我們應該順便幫你媽媽收拾殘局，你認為呢？」於是，父子倆開始忙碌了。爸爸收拾好碗筷後，兒子就刷得乾乾淨淨。

「啊！兒子，真沒想到你能把盤子洗得這麼乾淨，比我小時候厲害多了。」父親用驚喜的語氣誇張地稱讚著。兒子聽了眼睛一亮，他看到自己對家庭的價值，不用父母催促，又忙著去拖地了。

這位父親的語言獎勵就很及時。及時誇獎孩子的良好行為，有助於幫助孩子塑造正面的行為和習慣，從而避免或減少孩子任性、叛逆等負面行為。

可是，很多家長認為，小孩子有一點進步就表揚誇獎，會滋生驕傲心理。也有些家長藉口工作忙，對孩子獲得進步

後的欣喜心情置之不理，甚至態度冷漠，這樣只會打擊他們的上進心。

下面請看 2 位家長不同的做法：

「媽媽，我英語考了第一名。」上 5 年級的小虎，一進門就興高采烈地對媽媽說。

「什麼，英語？數學、國語多重要啊！你怎麼總是在那些不重要的功課上考高分，最重要的卻不用功。」正在廚房裡忙碌的媽媽順口問道。

「可是，我們班只有我是 100 分耶！老師還誇我有這方面的天賦呢！」小虎以為老師誇獎自己的話，媽媽聽了肯定會高興，於是跑到廚房門口得意地說著。

「哦，知道了。快去做作業吧！把數學、國語也補上去，才是你的本事呢！」聽到媽媽這麼說，小虎剛進門的高興感一下子沒了，悶悶不樂地躲進自己的房間。

過了不一會兒，爸爸回來了，他一進門就表現出很驚喜的樣子，問小虎：「你英語得了第一名嗎？呵，真了不起，沒想到你這麼棒。我遇到你們英語老師了。」

「沒什麼，不值得一提。」小虎垂頭喪氣地說，「爸，你先出去吧！我還要做數學和國語作業呢！那才是最重要的啊！」

「為什麼？英語也很重要啊！」爸爸接著鼓勵道：「你

第 11 章　做和孩子溝通的高手

能學好英語，就證明你很了不起，爸爸相信你數學和國語也能學好。如果這 2 門也能得第一，那就更厲害了！」

這時，小虎被爸爸的情緒所感染，熱情高漲地保證：「爸爸，我聽你的，我一定會努力的，我要讓你知道，我會做得更棒的。」

以上是 2 個截然不同的結果，小虎的媽媽面對孩子的成績時，沒有及時表現出興趣，打擊了孩子的進取心，幸虧爸爸及時給予孩子必要的誇獎，使孩子的進取心又高漲了起來。

事實證明，只有及時賞識和讚揚孩子，才能充分提升孩子的積極度，讓他們向更高的目標衝刺。

每個孩子都希望獲得父母的認同。當他們透過自己的努力，在課業或比賽中取得好成績時；當他們把剛畫好的一幅畫捧到你面前時；當他興沖沖地把在學校得到的紅花放在你手心時；當他學會自己穿衣服、疊被子時，他們的眼睛會異常明亮，那神情是在說：你們看，我多能幹！我進步了。當然，他們的眼睛往往也會盯著父母，充滿期待，他們是在期待父母的誇獎啊！這時候，父母應該為孩子感到高興，應該及時給予熱情的賞識和讚揚。哪怕只是一句讚揚的話，孩子也會感到父母的重視和關心，正在為自己的出色表現而感到驕傲。

父母表現出對孩子真心的賞識和熱切的期望，能讓孩子感受到一種強大的精神力量，能讓孩子更加努力和自信，從

而促進其智慧發展和身心健康。可是，如果父母沒有對孩子的成績表示出及時的關注，會讓孩子感到失望，甚至使孩子失去繼續努力的動力。因此，當孩子確實值得誇獎時，父母不要吝惜，要及時做出反應，馬上就給孩子正向的評價。因為誇獎是有時效性的，如果錯過了誇獎的最佳時機，誇獎的效果就會大打折扣。

當然，父母給孩子的誇獎必須是發自內心的。如果只是應付性地誇一句「你真聰明」、「你真棒」，孩子聽了會覺得父母的話很虛偽。也不知道自己到底好在哪裡，更不知道自己怎樣才能變得更好。因此，對家長而言，讚賞孩子要態度真誠，內容具體。因為孩子如果對為什麼得到讚賞不清楚，他就會只關心能否得到獎賞，以及得到什麼樣的獎賞。比如，孩子畫一幅畫，父母誇獎了他。如果父母不把原因向孩子說清楚，他們就會認為是因為畫畫而得到獎勵。於是，為了得到獎勵，他會再畫大量的畫，卻不會注意畫的品質。顯然，這樣父母就沒有達到獎勵的目的。因此，父母的讚賞要具體，是顏色用得準確，還是構圖豐富、畫得生動形象等，要讓孩子知道自己在哪些方面值得表揚，哪些方面還有些不足。

也許有些家長會說，孩子哪裡有這麼多需要讚賞的時候啊！不都是在期末考試、期中考試的時候，獲得好成績才需要讚揚嗎？學業成績固然重要，但是孩子的成長更重要。在

他們的成長過程中，會有許多發光點。只要你注意觀察，這些都是值得讚賞的。

美國一位優秀的母親蘇珊曾發明了對孩子「一分鐘讚美法」。父母、老師可以從孩子每天的表現中，挑出他做對的事情來讚美他。當蘇珊看到孩子做出使她特別高興的事時，就會走到他身前，把手放在他肩上，然後看著他的臉說 2 件事：第一，我具體告訴他做了什麼事；第 2，我明確告訴他，我對這件事的感受。然後我靜默幾分鐘，讓他感受到我的心情多麼愉快。雖然讚美小孩只需一分鐘，可是讚美所產生的愉快感受，卻會持續孩子的一生。

在讚賞孩子時，除了言語之外，父母也可以使用一些無聲的誇獎，如用笑容、眼神、表情、動作等身體語言，對孩子的良好行為做出配合反應，這也是讚揚的一種好方法。

賞識不只是父母和孩子溝通的一種形式，更蘊含著父母對孩子深深的愛。當我們用欣賞的眼光看孩子，且真誠地讚揚孩子時，將會給他們增添無窮的力量。父母的賞識能激發孩子說話做事的積極度，即使是平庸的孩子，在賞識的雨露下，也會茁壯成長起來。因此，父母要關注孩子成長中的每一個優點，每一個進步，及時給予表揚。

忌對孩子說這樣的話

有些父母在孩子面前說話太隨便，絲毫不顧及孩子的自尊心和心理承受能力，也不考慮孩子幼小的心靈是否會受到傷害。

請看一位母親的日記：

吃晚餐的時候，4歲的女兒還是像平常一樣很不安分地到處亂跑。我一下子火大了，指著她大聲說：「妳總是這樣不聽話，爸爸媽媽不會再喜歡你了。」女兒聽了以後，回頭看了看我問道：「那爺爺奶奶呢？他們喜歡我嗎？」我隨口回答：「妳這麼不聽話，誰也不會再喜歡妳了。」

沒想到，女兒哇的一聲哭了起來，整整一個晚上都不讓我們再靠近她，任憑我們怎麼哄，總是摟住洋娃娃的脖子不放。第2天竟然連幼稚園也不去了，她擔心老師和小朋友也不喜歡她。

看著女兒蜷縮在床頭，可憐的樣子，我怎麼也沒想到，無意中說出的一句話，竟然傷害了她，成為她心中無法打開的結。

這是為什麼呢？因為孩子與父母在年齡、閱歷、心理等方面存在很大的差異，若不注意這一點，對孩子說一些不該說的話，會影響孩子的健康成長。因此，父母在與孩子交談時，應注意自己的措辭，忌對孩子說下面這樣的話。

第 11 章　做和孩子溝通的高手

❖ **忌說傷孩子自尊心的話**：有些性格急躁的父母，恨鐵不成鋼，動輒說孩子「你這個笨蛋」、「你怎麼不像你姐姐？她每次功課都拿滿分！」、「活著幹什麼，還不如死了」等等。這樣的話語，無疑會把孩子的自尊心破壞殆盡。給孩子的感覺是「父母不喜歡我了」、「我沒有希望了」，甚至還會遷怒於比他優秀的孩子。

❖ **忌說嚇唬孩子的話**：有些年輕的媽媽對不太懂事、胡攪蠻纏的幼兒，常常會這樣嚇唬他們：「如果你不聽話，就把你一個人扔在這裡餵老虎！」小孩子最怕單獨待在一個陌生的地方。聽到這樣的話，可能會讓孩子很害怕。如果媽媽總用這種方式嚇唬他們，他們見到本不應該恐懼的東西時，也會心生恐懼。

❖ **忌說氣話**：有些缺乏修養的父母，稍不順心就拿孩子出氣，如「去去去，滾一邊去」、「不要說話，給我裝啞巴、「不知道，別問我」……這些冷落孩子的氣話，也是父母應該忌諱的。

❖ **忌說埋怨孩子的話**：當孩子犯錯後，父母往往會說：「我早就跟你說過會這樣，你偏偏不聽。」此時，孩子就會有一種反叛的心理，甚至和父母作對。這樣也不利於孩子認知錯誤。

❖ **忌說欺騙孩子的話**：有些言行不一的父母，總是隨口說出這樣的話：「聽媽媽的話，好好念書，考好就帶你去買好吃的，和買漂亮衣服。」

這些話卻從不落實，久而久之，孩子就再也不信父母的話了。父母在孩子心目中的地位也會大打折扣，以後父母說話，孩子往往會當耳邊風。

瑞士心理學家費雷納·卡斯特（Verena Kast）說，孩子最強烈的焦慮來自最高價值被最重要的親人所否認。最高價值是什麼呢？就是愛與被愛。孩子無論看起來多麼在乎朋友和老師的評價，但他們最在乎的仍是父母的認可。如果父母讓孩子認為，他成績不好或其他方面表現不好，就再也不配得到父母的愛，也沒資格去愛父母，那麼孩子一定會陷入極大的焦慮中。那些長期得不到肯定的孩子，則會變得膽小、沒主見，長大後會習慣於被他人安排做事情，缺乏創造性。

在孩子的成長過程中，父母一句充滿愛意的話，往往會讓孩子感到莫大的滿足，孩子感覺自己得到了認可，自信心也會增加。因而，如果父母能經常對孩子說：「無論你怎麼樣，我們都一如既往地愛你，認可你。」孩子的焦慮就會在很大程度上得到緩解。

培養孩子的口才

對孩子而言，口才是想像力、創造力、應變力及交際能力的綜合表現。可是，就像人有百態一樣，孩子的能力也各不相同。比如，有的孩子口齒伶俐、思路嚴謹清晰、音色悅耳、語調抑揚頓挫；有的孩子卻不擅表達，甚至結結巴巴，聲音也不好聽。那麼是不是後者在口才方面就是先天弱者呢？

其實，每個孩子都有可能成為未來的口才大師，關鍵的問題在於父母如何去開發和教育，發掘出這種潛力。即便在那些表達能力欠缺的孩子身上，也蘊藏著巨大的語言溝通潛能，只是未能獲得足夠的訓練而已。因此，父母要特別注意培養孩子的口才。

▌把握孩子口才教育的關鍵時期

口才教育是一個循序漸進的過程，正如孩子的成長發育要分為各個不同的階段一樣。父母也要根據孩子語言發育不同時期的特點施教，那樣才會獲得良好的效果。

孩子語言的發育要經過發音、理解和表達 3 個過程，在最關鍵的幼兒學說話時期，一定要抓緊時機引導他們。比如，在他剛學會簡單的單詞時，他說「餓了，渴了」，父母就端出美味的飯菜或甜的飲料，於是，孩子從自己的嘗試中，帶來了愉快的體驗。在孩子牙牙學語的時候，即使口齒

沒那麼清晰，邏輯也有些混亂，父母也會慈愛地鼓勵孩子說：「不要急，寶貝，慢慢說」，這樣孩子便會產生繼續學習和駕馭語言的興趣。

鍛鍊孩子的口語交流能力

孩子學會說話後，也可以挖掘和創設口語交際的內容，如讓孩子向父母介紹自己喜愛小動物的外形特徵、生活習性等。

兒童時期，家長應該學會經常把能夠促進交流的幾句話掛在嘴邊，如：「我是這樣做的，你是不是還有更好的方法呢？」、「你怎麼想呢？」、「讓我們一起來好不好？」……這樣孩子在交流中，可以提高說話的興趣，增加交流的意識。

給孩子愉快的談話經驗

愉快的談話經驗會讓孩子愛上說話。比如，與父母、爺爺奶奶聊天，說一些愉快的事情，或笑話、繞口令等，都可讓孩子從中獲得更多的語言技巧和情感體驗。

抓住記憶力黃金期

對正處於記憶黃金時期的孩子來說，看書幾乎可以達到過目不忘的程度。所以，在孩子剛上小學時，內容健康、文

字優美、富有情趣的兒歌、古詩和小故事，是背誦的首選。
這些作品都能為孩子形成豐富生動的語言風格打下基礎。

▍讓孩子充滿自信

交談，不是簡單地用嘴在說，一個人的心理活動常常是
說話水準的決定因素。自信能讓孩子揮灑自如，自由發揮。
因此，家長要學會給孩子打氣，鼓勵他們大膽講話。特別是
第一次當眾講話，只要他能勇敢走上講臺，說出心中最想表
達的話語，哪怕只是三言兩語，都是勝利地打響口才的「第
一炮」。以後孩子的自信心就會在一次次的實踐中快速地樹
立起來。

▍讓孩子學會總結概括

家長在引導孩子學課文和講故事時，可以採用提問的方
式，啟發孩子思考：這則故事說明了什麼道理？它告訴我們
什麼？這段講的主要是什麼……等，也可以透過家長講一則
故事，讓孩子為整個故事定一個題目等方式，提高孩子的總
結概括能力。這樣他們說話就會簡潔、清晰、能抓住重點。

▍學會圍繞主題講話

孩子講話時常常想到哪，說到哪，如果想讓他們圍繞某
一主題講話，家長在談話中可以定一個大主題，讓孩子根據

這個主題，自己想一些小話題。這樣也可以鍛鍊他們講話時抓住重點的能力。在講話的過程中，家長一旦發現有離題現象，可立即大聲念一遍題目。之後也可將孩子的話用錄音機錄下，放給他聽，讓他自己聽一下是否離題。用這個方法可使他有足夠的時間獨立思考，可以有效提高孩子的口才。

從媒體中獲取各種知識

豐富的知識是語言的源泉。除了課堂上的知識外，報紙、雜誌、廣播、電視這些媒體也承載了大量的知識和資訊。特別是網路，為正處於強烈求知慾階段的孩子提供豐富的資訊資源和最新鮮的知識。因此，父母可以引導孩子從媒體中獲取知識，來滋養他們的心靈和語言。看看媒體中的一些節目，將優美的、警世的、感人至深的句子銘記在心，經過累積、沉澱，就可以糅合成自己的字字珠璣。

俗話說，好的開始是成功的一半。在孩子的成長過程中，只要家長引導有方，孩了的語言表達水準就會得到很大提升。良好的心理素養，加上知識、形象、禮儀等砝碼，必然會使孩子練就一流的口才。

第 11 章　做和孩子溝通的高手

第 12 章

你知道如何據理力爭嗎

第 12 章　你知道如何據理力爭嗎

生活中，人人都難免有處於不利局勢的時候，比如被上司誤解，或被同事猜疑，甚至被親人誤會。這時，怎麼辦？沉默不語，相信真相總會大白於天下，相信人們經過時間的洗練終會意識到你的無辜嗎？

非也！能拯救你的只有你自己。如果你不說出對自己有利的言辭，其他人也許只會人云亦云，甚至對你落井下石。因此，在處於不利地位時，更要發揮口才的威力，讓人們明白真相，贏得輿論和社會的理解和支持。

面對誣陷，用事實辨清

不論在生活中，還是在職場上，經常會有這樣的情況，你辛苦付出了許多，但卻無端遭人誣陷，他人也對你另眼相看。不是因為一點小瑕疵被無限放大，就是別人的過錯沒來由地歸在你身上。此時，怎麼辦？憤怒可以解決問題嗎？最有力的還擊就是用事實說話。

小王是一位大學生，為了減輕家庭的壓力，他每個週末都會在學校附近的速食店打工。

這天，繁忙的午餐後，他剛準備下班，突然被老闆叫住：「小王啊！你過來看看這是怎麼回事。」

小王過去後，看到桌邊圍著 2 個客人，見小王過來，他們異口同聲地說：「就是剛才他上的菜，怎麼搞的，裡面居

然有蟑螂？」

小王一看也愣住了，盤子裡確實有一隻蟑螂，在幾乎見底的盤子中，有幾片紅綠相間的菜葉，當然，這個黑色的小東西十分醒目。小王想，難道廚師粗心，在洗菜的時候沒有發現嗎？可是，他想了想，不對啊！這盤菜本來就是小盤，分量很少，如果有黑色的蟑螂，自己端盤子時應該一眼就會看到啊！莫非……如果客人是故意找碴，想不付費呢？

想到這裡，小王靈機一動，拿出一把小刀，朝那隻蟑螂割下去，只見蟑螂流出了血。

這時，小王說道：「如果這隻蟑螂是在做菜的時候掉進去的，炒熟後就不會再流血。假如是在我端菜的期間掉進去的，應該是在上面，就算我匆忙沒有看見，你們應該一眼就看到了吧！怎麼當時不說，且還有胃口把菜吃得乾乾淨淨呢？」

2個客人沒想到小王居然有這一手。面對小王的質問，他們自知理虧，只好掏出錢結帳走了。老闆也對小王投以讚許的目光。

據理力爭不是強詞奪理，而是以事實為基礎的辯護。俗話說：「事實勝於雄辯」，如果你能想辦法把事實擺在眼前，自然能夠讓那些對你產生誤解或別有用心的人閉口不言。

宋玉是楚國一位風流俊雅的人物，因此，那些長相比不上他，才華也比不上他的人氣得牙癢癢，總想找機會把他扳

第 12 章　你知道如何據理力爭嗎

倒。但是他們知道自己無法和宋玉單挑,所以就搬出楚王這頂保護傘,而且還打著為楚王著想的旗號。登徒子就是這樣詆毀宋玉的。他對楚王說:「宋玉相貌美俊,擅長言辭,且生性好色,大王千萬不要讓他出入後宮。」

慶幸的是,楚王不是那種昏庸的君主,他原封不動把登徒子的話告訴了宋玉,想聽聽宋玉如何解釋。

宋玉聽到登徒子無中生有的陷害,沒有怒髮衝冠,而是十分坦然地說:「相貌美俊是父母給的,擅長言辭是跟老師學的。至於好色,臣沒有這一毛病。」

楚王說:「如果你不好色,為什麼別人會這麼說?」

此時,宋玉就用事實說話。他說:「天下的美女,沒有誰能比得上楚國的女子;楚國的美女,沒有誰能比得上我家鄉的女子。在我的家鄉,最美麗的女孩是我鄰居家的女子。該女子身材適中,相貌姣好,至於膚色,更是天生麗質 ——如果塗上胭脂水粉則太白,如果加上朱紅則太赤。總之,她的一切堪稱恰到好處。她的眉毛如同翠鳥的羽毛,纖細的腰身如同裹上了素帛,整齊的牙齒如同一串小貝殼。她一笑,足以使陽城、下蔡一代的人為之傾倒。」

說自己不好色,竟然對一個女子觀察這麼詳細,還頗多讚美之詞,這是什麼意思?楚王有些疑惑,宋玉能過美人關嗎?

可是，接下來，宋玉說：「就是這樣的女子，趴在牆頭窺視我 3 年，我都沒有答應與之交往。」

啊！原來如此。

然後，宋玉拿自己和登徒子做對比說：「登徒子的妻子蓬頭垢面、耳朵痙攣、嘴唇外翻、牙齒參差不齊、彎腰駝背，他卻與她生有 5 個子女。」

聰慧的宋玉沒有極力為自己辯解，而是舉了鄰家美貌的女孩有情於他，但他不為所動的實例，又拿自己和登徒子相比，楚王自然明白了事情的真相。

由此看來，在面對他人誣陷時，不能任由憤怒的情緒發洩，要理智冷靜地找到有力的事實回擊。這樣的據理力爭才有充分的說服力。

惡語面前不嘴軟

社會生活中，各式各樣的人都有，有些人會倚強凌弱；有些人愛耍小聰明，總是覺得自己「會說話」，以取笑他人為樂；有些人說話尖酸刻薄，總愛諷刺挖苦別人……對於他們，沒必要客氣，要給予有力的反擊。

當然，反擊他們也要講究方式，要找到反擊的突破口。以下方式可供借鑑：

第 12 章　你知道如何據理力爭嗎

▍借力使力

　　一般來說，當你受到對方不懷好意的攻擊時，你可以像打太極一樣，借力使力，化解對方的招式，在保持自己不受損傷的前提下，把對方打來的力還過去。因為借助了對方的力量，所以你就有了更強的力量。對方打來的力越大，其自損程度會越嚴重。

　　有一次，在聯合國的會議上，菲律賓前外長羅慕洛與蘇聯代表團團長維辛斯基發生了一場激烈辯論。羅慕洛批評維辛斯基提出的建議是「開玩笑」，維辛斯基立即採取了無禮之舉。

　　維辛斯基說：「你不過是個小國家的小人罷了。」

　　羅慕洛聽後便站了起來，告訴聯合國大會的代表說，維辛斯基的形容是正確的，但他接著又說了下面一句話：

　　「此時此地，將真理之石向狂妄的巨人眉心擲去 —— 使他們的行為有些檢點，這是矮子的責任。」

　　羅慕洛的話博得了代表們的熱烈掌聲，而維辛斯基只好乾瞪眼，什麼話也說不出來。

　　有一個人非常驕傲自大，不願意生活在團體之中，並振振有辭地辯解道：「只有羊呀、豬呀！才成群結隊，獅子、老虎都是獨來獨往的。」

　　某作家諷刺道：「一般來說，獅子、老虎的確是獨來獨

往的,但刺蝟、癩蝦蟆、蜘蛛也是獨來獨往的呀!」

還有一次,蘇聯詩人馬雅可夫斯基剛做完演講,一個胖子擠到講臺邊大聲嚷道:「我應該提醒您,馬雅可夫斯基,拿破崙有一句名言:『從偉大到可笑,只有一步之差。』」

「沒錯,」馬雅可夫斯基用手指了指自己,又指了指那個胖子,「從偉大到可笑,正是一步之差。」

▎反脣相譏

清朝公使伍廷芳,口才極佳。有一次,他出使英國時,有個貴婦聽了他的妙論,跑上前來與他握手,並說:「先生,我對你的口才真是十分佩服。為了表達我對你的欽慕,我決定以後把愛犬改名為『伍廷芳』,以作紀念。」

這種名揚實貶的話簡直就是對伍廷芳的人身侮辱,可是伍廷芳並沒有勃然大怒或拉下臉轉身離開,而是連聲稱「很好!很好!」

當這位貴婦為自己語言上的小勝利而萬分得意時,沒料到伍廷芳接下來說:「那麼,你以後可以天天抱著伍廷芳接吻了。」

聽了這話,在場的人都哄堂大笑,這位貴婦更是尷尬萬分。她怎能想到,竟然會是這種結局。

有個人諷刺安徒生寒磣的帽子說:「你腦袋上面的那個東西是什麼?能算是帽子嗎?」

安徒生同樣巧妙地回敬道：「你帽子下的那個玩意是什麼？能算是腦袋嗎？」

在美國，有一位資本家請畫家為他畫一幅肖像，但事後卻拒絕支付議定的 5,000 美元報酬。他的理由是：「畫的根本不是我。」

不久，畫家把這幅肖像畫公開展覽，並題名為《賊》。資本家知道後，萬分惱怒，打電話向畫家提出抗議。

「這事與您無關，」畫家平靜地答道，「您不是說，那幅畫畫的根本不是您嗎？」

結果，資本家不得不花比原先高出一倍的價格，買下了這幅畫。

反脣相譏，出手要乾淨俐落，絕不隔靴搔癢，拖泥帶水。

▎綿裡藏針

與針鋒相對不同的是，這種反擊是把銳利裹在看似柔和的話語中，也許對方一時之間沒有明白，可是一旦他明白過來，也不好反擊，因為這種鋒芒在外人看來，並不是明顯地指向他。因此他只有啞巴吃黃連了。

英國戲劇家蕭伯納也是一個善於綿裡藏針的高手。

某天，蕭伯納正在沙發上沉思，坐在他旁邊的美國金融家對他說道：「蕭伯納先生，如果您能告訴我您在想些什麼

的話，我願意支付您 1 美元。」

蕭伯納一聽，笑著說：「天啊！我思考的問題連 1 美元也不值。」蕭伯納說，「我所思考的正是你。」

金融家想以 1 美元來戲耍蕭伯納，沒想到蕭伯納卻把 1 美元與他連結起來，使他吃了個啞巴虧。

在為人處世中，很多人相信「沉默是金」。但有時沉默不一定是金，面對那些不懷好意者，如果你總是保持沉默，很可能會遭到誣陷和羞辱。因此，對於尖酸刻薄、嘴上無德的人，應該以其人之道，還治其人之身，把他們噴射向別人的「毒素」，如數還給他們，或者更多。

突出自己的特點

當自己與競爭對手處於同一起跑線上，而對方又明顯優於自己時，不要氣餒，不要喪氣，最好能夠冷靜傾聽對方的言語，並與之對比，突出自己的特點。

約翰・愛倫（John R. Allen）便透過這種方式成功地擊敗對手，成為國會議員。

美國南北戰爭之後，約翰・愛倫和他的老上司陶克在競選國會議員時成了競爭對手。陶克將軍功勳卓著，曾任國會議員，很明顯，無論在實力還是地位上，都高於愛倫。為了贏得民眾的支持，陶克將軍在演講中一一列舉了自己的戰

第 12 章　你知道如何據理力爭嗎

績，想喚起選民們對他的充分信任和肯定。

　　他一開口就把人們帶到那場自己指揮的，令人難忘的戰爭中。他說：「諸位同胞，記得在 17 年前的一個晚上，我與我的士兵在茶座山與敵人遭遇。經過激烈的血戰之後，我在山上的樹叢裡睡了 6 個晚上。」當人們被他的艱苦卓絕經歷所打動時，陶克將軍不失時機地說道：「如果大家還沒有忘記那次艱苦卓絕的戰鬥，請在選舉中也不要忘記那些吃盡苦頭、建立大戰功的人。」

　　此時，愛倫看到現場的人們深深被陶克的演說所打動，他沒有灰心喪氣。雖然在資歷和地位上，他和老上司相差懸殊，但是他告訴自己，演講一定要成功，否則就無法拉動支持自己的選票。

　　因此，待陶克演講完畢後，愛倫登上講臺說：「同胞們，陶克將軍講得沒錯，他確實在那次戰爭中立了奇功。」

　　之後，他話鋒一轉，開始講述自己：「我當時是他手下的一個無名小卒，替他出生入死，衝鋒陷陣。這還不夠，當他在樹叢中安睡時，我正攜帶著武器站在荒野上，飽嘗寒風冷露的滋味……」。

　　愛倫這樣說，是實事求是的，這讓人們對他也產生了同情和好感。此時，愛倫抓住時機說：「那麼，凡身為將軍，睡覺時需哨兵守衛的，請選陶克將軍；若也是哨兵，需為酬

睡的將軍守衛的，請選愛倫。」

當然，在聽眾中，像愛倫一樣的普通人占多數，他們當然要選能代表自己利益、站在自己立場、為自己說話的人。因此，愛倫贏得了絕大多數選民的尊重。

聰明的約翰·愛倫在自己居於劣勢時，沒有急於表現自己，而是以謙讓的方式，表達對陶克將軍的尊重，給在場的人留下好印象。此後，他抓住陶克將軍描述的那段辛苦歲月，突出當時身為士兵的他，要比身為將軍的陶克更為辛苦，從而贏得選民的好感，在競選中獲勝。

▎維護自己的尊嚴

對那些不懂得尊重別人，或故意不尊重別人的人，無須客氣，要適時反擊，以維護自己的尊嚴。

一位名叫曹商的宋國人為宋王出使秦國，在臨行前宋王送給他幾10輛車。回來的時候，秦王又送給他百餘輛大車。在返回宋國的路上，曹商遇到了莊子。

他看莊子衣著寒磣，面帶菜色，覺得這樣一個有學問的人，竟然落到這種地步，與自己相比真是天地之差，因此，不免傲慢地嘲笑說：「先生面帶菜色，形容枯槁，身處窮街陋巷，靠編製麻鞋維生。這實在是我曹商所不能及的，我擅長的只是見到萬乘之主，便可獲得百乘車馬而已。」

莊子知道他是在嘲笑自己，可是他聽了並沒有惱怒，而是從容自若地說道：「聽說秦王患了痤瘡，凡是能夠為他破瘡擠膿的送車 1 輛，舔痔瘡的送車 5 輛。您不會是專門去為秦王舔痔瘡的吧？不然怎麼會得到這麼多的車馬？」

這句話讓這個勢利又巴結權貴的人物，面貌昭然若揭，又維護了莊子的尊嚴。

春秋時，南方的楚國一天比一天強大，齊國雖也是大國，但楚國也不把齊國放在眼裡。因此，為了改善 2 國的關係，不給自己國家帶來意外的災害，齊王派晏嬰出使楚國。

可是，狹隘的楚王想借晏嬰出氣，展示自己的威風。因此，等到晏嬰到達楚國時，楚王已傳令，任何人都可以盡量羞辱晏嬰。

前來迎接的禮賓官員看到晏嬰那麼矮小，就命士兵打開城門邊的側門，讓他進入。

晏嬰站在正門前，冷靜地笑了笑，用手指了一下側門反擊道：「這是狗洞！只有出使狗國的人才走狗洞！」

這下，那些想侮辱晏嬰的禮賓官員倒被晏嬰嘲弄一番，為了不背上狗國的罵名，只得打開正門讓晏嬰進入。

晏嬰透過有力的話語，維護了自己和國家的尊嚴。

著名詩人海涅是一位猶太人，在猶太人飽受歧視的時代，經常遭到一些「大日爾曼主義者」的攻擊。

某次晚會上，一個自稱「素有教養」的旅行家，曾對海涅講述他環球旅行中發現的一個小島。

當海涅友好地聽著時，他故作驚訝地說：「你猜猜看，在這個小島上，有什麼現象最使我感到驚奇？」他滿臉不屑地說，「在這個小島上，竟然沒有猶太人和驢子！」他為了貶低猶太人的地位，居然把猶太人和驢子相提並論。

海涅聽後，不動聲色地反擊道：「如果真是這樣的話，這種狀況是可以改變的，比如我倆一起到這個小島上去，就可以彌補這個缺憾了！」

旅行家的本意是想侮辱猶太人，海涅卻機智巧妙地將對方比作驢子，從而維護了自己的尊嚴。

生活中，難免會遇到一些不知「尊重」為何物的人，當他們極盡諷刺挖苦之能事時，要不留情面地予以反擊。反擊的方式可以是直接的，也可以是間接、含蓄的，但不論哪種形式的反擊，都要抓住要害、抓住焦點，要讓他們在你的還擊面前羞愧自省！這不是為了展現自己的口才，而是為了維護自己的尊嚴，同時也是為了淨化社會風氣。

巧語扭轉劣勢

當你處於劣勢時，如果能善用智慧，巧語周旋，也許你的被動局面就能扭轉。

第 12 章　你知道如何據理力爭嗎

《左傳》記載了這樣一則故事：春秋末期，楚國憑藉強大的經濟和軍事實力攻伐吳國，吳國顯然不是對手，但如果示弱，那就只有任其蹂躪踐踏了。因此，吳王故意派弟弟蹶由犒勞楚軍，以便摸清楚王的動態，再尋求對策。

但是，不可一世的楚王立即命人把蹶由抓了起來，理由是：蹶由是吳王的弟弟，把他殺了，用他的血來塗戰鼓，正好可以讓楚王膽怯。於是，一個侍臣被派來殺蹶由，他得意地問蹶由：「沒想到吧？是你自己上門來找死的，難道你來之前沒有占卜一下嗎？」

蹶由答：「占卜了。」

侍臣問：「吉嗎？」

蹶由答：「吉。」

楚臣一聽哈哈大笑：「死到臨頭居然還說吉？你的龜卜不靈了。你們吳國要被打個落花流水了！」

此時的蹶由已處於萬分危險的境地，但是他清楚，哥哥派自己來是為了讓自己保護國家不受侵犯的。這時如果不做任何辯解，不但自己會人頭落地，國家也會遭受蹂躪。他只有極力辯解，以弱國之勇壓倒對方。於是，他說：「我們聽說貴國要血洗敝國，便用守國之龜來卜辭，神龜告訴我們，到貴國勞軍時，只要看看楚王的態度就知勝負了。假如楚國對使臣以禮相待，我們的國家必定會因此鬆弛戒備；相反，

如果貴國斬殺了使臣，我國便會有所準備，嚴加防範。那樣的話，貴國不遠千里去征戰，面對防備森嚴的國家，肯定會知難而退，我們國家得以平安。這難道不是上上大吉嗎？不是龜卜的最大功用嗎？怎能說它不靈？」

楚臣一聽，這話確實有點道理。如果殺了蹶由，激起吳國人的鬥志，就算暫時勝利，也難保將來吳國不復仇。因此，他開始有些猶豫，考慮應把這些話說給楚王聽。

此時，蹶由見楚臣有些猶豫，又趁熱打鐵說道：「況且，用一個沒有作為的人的鮮血塗鼓，又能產生什麼作用呢？我死後必定陰魂不散，要是真打起仗來，也會弄得你們的戰鼓無法打響！」

楚臣更加吃驚，心想：鼓打不響，那才是大大不吉。還是奏稟楚王把這個人放了吧！

蹶由不動用其他資源，只憑巧語就能說服他人改變主意，讓自己擺脫困境，可謂大智慧也。

從前，有一個 9 歲的男孩，由於他不是父親的婚生子女，依據當時的法律，他不能繼承父親的財產。可是，他父親並沒有婚生子女，因此，他父親過繼過來的侄子便成了財產的唯一繼承人。

這個非婚生的孩子感到很不平。雖然自己不是父母名正言順結婚後所生，但的確和父親有血緣關係。現在，自己的

繼承權被剝奪，一個和父親沒有血緣關係的人卻可以繼承，他無論如何無法接受。

　　某天，父親過生日，在府邸隆重舉行生日宴會。因為他父親是朝中的大臣，所以連國王也親自駕臨。這時，這位 9 歲的小孩，手中捧著許多削得尖尖的棒頭走了過來，他分給每位客人一根，然後說道：

　　「如果誰認為我不是父親的親生兒子，請刺瞎我的眼睛吧！」

　　大家齊聲說道：「你是你父親的親生兒子。」

　　「如果誰認為我的堂兄弟是我父親的親生兒子，請刺瞎我的眼睛吧！」

　　「他不是你父親的親生兒子。」

　　「那麼，你們為什麼剝奪我繼承父親財產的權利呢？」

　　大家告訴他說：「法律是這樣規定的呀！」

　　男孩說：「法律居然不顧事實，那麼，應該不是我非法，而是法律非法。」

　　大家一聽，似乎也有道理，於是都不做聲了。

　　接著，他又走到國王的面前說道：「法律是人寫的吧！既然你們是人，那麼，你們對這種非法的法律要負責任了！」

　　國王聽了這個男孩的話，覺得他很機智，說得也有道

理，因此，對大家說：「我們為什麼不改正這條不公正的法律呢？」

　　因而，這條不合情理的法律被更改了，這個男孩也獲得了繼承他父親財產的權利。

　　這個 9 歲男孩巧妙地把客人們引入「我非法」與「法律非法」的兩難選擇中，使大家默認了法律非法的論斷，促使他們修改了這條法律，獲得了繼承權。

　　無論是在生活中，還是在職場、商場、社交場合，在自己居於劣勢時，千萬不要聽天由命，要本著該爭則爭的原則，用妙語表達出自己的意見，扭轉劣勢，化被動為主動。

電子書購買

國家圖書館出版品預行編目資料

說好一句話，救了全場的尷尬：培養幽默細胞 × 訓練溝通技巧 × 掌握話術行銷，也許說著說著……成功就這麼被你說出來了！ / 謝惟亨，原野編著 . -- 第一版 . -- 臺北市：財經錢線文化事業有限公司 , 2023.04

面； 公分

POD 版

ISBN 978-957-680-614-8(平裝)

1.CST: 口才 2.CST: 說話藝術

192.32   112003120

說好一句話，救了全場的尷尬：培養幽默細胞 × 訓練溝通技巧 × 掌握話術行銷，也許說著說著……成功就這麼被你說出來了！

臉書

編　　著：謝惟亨，原野

發 行 人：黃振庭

出 版 者：財經錢線文化事業有限公司

發 行 者：財經錢線文化事業有限公司

E - m a i l：sonbookservice@gmail.com

粉 絲 頁：https://www.facebook.com/sonbookss/

網　　址：https://sonbook.net/

地　　址：台北市中正區重慶南路一段六十一號八樓 815 室

Rm. 815, 8F., No.61, Sec. 1, Chongqing S. Rd., Zhongzheng Dist., Taipei City 100, Taiwan

電　　話：(02) 2370-3310　　　傳　　真：(02) 2388-1990

印　　刷：京峯彩色印刷有限公司（京峰數位）

律師顧問：廣華律師事務所 張珮琦律師

─ 版權聲明 ─

定　　價：375 元

發行日期： 2023 年 04 月第一版

◎本書以 POD 印製